SANTIAGO JM
DEL POZO DONOSO

El Árbol

de la Felicidad y de la Vida

Arboribus urbanae MMXXI d. C.

Corrección de textos: Fanny Carrasco Monsalve

Libro autoeditado. San Antonio. Región de Valparaíso. Chile.

ISBN 978-956-404-280-0

Registro de Propiedad Intelectual N° 2021 -A- 5188

Dedico este libro a todas las personas que alrededor del mundo se preocupan del buen desarrollo de los árboles urbanos y que a través de las redes sociales o de forma presencial critican las malas prácticas que sobre los árboles se aplican.

Una dedicatoria especial para Darío, mi padre.

Agradezco también a todas las personas que me han permitido disponer de tiempo para escribir este libro, a pesar de todos los problemas que la pandemia de Covid–19 nos ha traído.

PRESENTACIÓN

"Los árboles son santuarios", escribió el poeta y filósofo alemán Herman Hesse. "Cuando hayamos aprendido a escuchar a los árboles, nos sentiremos en casa. Eso es la felicidad".

En mi trabajo como editora y docente de pensamiento crítico, en ocasiones la lectura de un libro me evoca el caminar por un bosque a través de senderos que lo inundan de una suave claridad, que nos permiten observar cada especie y sus relaciones colaborativas, las luces y las sombras de su desarrollo, la poíesis de su existencia. La lectura de este segundo libro de la serie sobre árboles urbanos de Santiago del Pozo Donoso: "El árbol de la Felicidad y de la Vida" es uno de estos casos. Y no solo porque el leitmotiv del libro sean los árboles, sino también porque nos hace explorar territorios recónditos de nuestras conexiones más atávicas y presentes con ellos.

Esta obra -desde una dimensión divulgativa- posee una amplitud de miradas que nos permiten una reflexión sobre cómo los árboles han contribuido desde nuestros orígenes a la vivencia de la felicidad; y en la actualidad de cómo los árboles urbanos -en específico- se constituyen en seres esenciales para la revaloración de esta emoción vital. Como plantea el autor en el primer capítulo: "Hoy, que miramos el mundo a través de pantallas y no somos capaces de ver la vida que existe a nuestro alrededor, el árbol nos invita a evolucionar nuevamente". La revaloración de la felicidad en distintos contextos relacionales: La felicidad a través del tiempo, la felicidad en relación con la comunidad, la felicidad en la comunidad local y los árboles, la felicidad en los textos constitucionales (necesaria reflexión en la actual situación político-social de nuestro país), los indicadores de felicidad, entre otros, son temas tratados en esta primera sección, que contribuyen de modo argumentativo- filosófico al propósito central del texto.

El segundo capítulo denominado “El árbol de la vida”, nos presenta desde una perspectiva argumentativa de orientación científica: Las características y propiedades de los seres vivos en cuanto a su estructura y organización compleja; su capacidad de autorregulación, crecimiento y desarrollo, los seres vivos - tomados como un todo- y que tienen la capacidad de adaptarse y evolucionar; la capacidad de resolver problemas mediante la inteligencia. Son algunos de los tópicos tratados y explicados con certeza y claridad al desarrollo evolutivo de los árboles y su relación con los seres humanos como base de la vida.

El texto cierra con el capítulo III o Epílogo, en el cual el autor nos convoca a una reflexión final a través de una serie de preguntas -las que con toda seguridad surgen en el lector en el transcurso de la lectura del libro y el correlato con lo que cada uno de nosotros vivenciamos cotidianamente en nuestras comunidades y/ o ciudades-: “si los árboles urbanos hacen tanto bien a los seres humanos ¿Por qué son tan mal tratados?, ¿Por qué faltan tantos árboles en los distintos barrios de las ciudades? , ¿Por qué se repiten siempre los mismos árboles? Se trata de dar respuesta a una situación que no es endémica de nuestro territorio, muy por el contrario, es recurrente en todas las ciudades del mundo: se ha terminado por tratar al árbol con un desconocimiento absurdo respecto de sus características, propiedades y efecto sobre la humanidad.

El presente libro valioso en pensamientos, información y experiencias es simple y complejo a la vez, simple por la claridad estructural y presentación de los temas que lo componen; complejo por la diversidad de perspectivas que entrelaza y la profundidad analítica que se vislumbra (siendo una complejidad que enriquece nuestra propia reflexión). Regresando al símil inicial de esta presentación; en este “caminar por el bosque” encontramos distintos espacios de implicación argumentativa, desde el nivel más descriptivo que nos muestra a los árboles como seres vivos y resalta sus beneficios para el planeta, países, comunidades globales y locales, hasta los aspectos metafísicos, psicológicos y místicos que revelan a los árboles como símbolos extraordinarios que inspiran admiración y sentido de lo sagrado.

El estar conscientes de que en alguna parte de nuestra memoria genética está la esencia de nuestro ser "arbóreo", es lo que inspira esa íntima relación que sentimos hacia los árboles. Pero llegar a este estado de conciencia, la más de las veces, presupone una reconquista de los espacios perdidos en el tiempo, una reconexión con lo instintivo de la vida colaborativa, con la naturaleza primigenia de nuestro origen en la medianía de un ser aéreo y terrestre en la copa de los árboles; es una dimensión de significados olvidados que pueden ser reencontrados en los argumentos entregados en este libro.

Fanny Carrasco Monsalve
Profesora
Especialista en Desarrollo de Pensamiento Crítico

ÍNDICE

PRÓLOGO

Este libro es el segundo de varios textos que tienen por finalidad dar inicio a una nueva forma de entender y gestionar los árboles urbanos. Quien ha visto la manera como se gestionan las distintas especies arbóreas en las ciudades, se habrá dado cuenta que la eliminación de ramas es la práctica más recurrente en esta actividad, la que ha sido definida como poda y la mayoría de las veces es realizada sin ningún cuidado por la situación futura de esos mismos árboles. Al denominar como poda a esta mala práctica queda en evidencia el intento de lograr su homologación con acciones similares utilizadas con árboles en otros ámbitos, donde la eliminación de la copa si tienen un propósito racional y definido.

Esta iniciativa es relevante cuando se considera que los métodos de trabajo que en la actualidad se aplican sobre los árboles urbanos provienen de conocimientos adquiridos en la primera mitad del siglo XX. Me explico: nos encontramos en la *Era de la Información* donde el conocimiento se duplica cada dos años. Consideremos que de acuerdo con la Curva de Duplicación del Conocimiento, la que tiene forma exponencial, a inicios del siglo XX la humanidad duplicaba su conocimiento cada 100 años.

Estamos entonces en una situación de evidente necesidad de revisar lo aprendido, donde no es necesario señalar que están obsoletos los conocimientos que sobre los árboles se idearon o descubrieron hace 40, 50, 60 o más años, sino simplemente intentar ver si esas ideas sobreviven cuando se intenta vincularlas con el conocimiento que existe en la actualidad. Consideremos que la evolución que ha tenido el conocimiento permite suponer que los resultados aportados por innumerables nuevas investigaciones serias, realizadas los últimos 20 años, y la enorme difusión que han tenido esos conocimientos en grupos especializados, en redes sociales, en revistas y diarios, han logrado cambiar la percepción que del árbol tenía hasta hace poco el ciudadano común, lo que deja en una evidente desventaja conceptual a quienes, confiando en lo que se les ha transmitido, actúan gestionando los árboles urbanos.

A esta situación de mayor valoración del árbol han contribuido también los procesos ambientales, que con sustento científico, ha impulsado la Organización de Naciones Unidas (ONU), en la definición de prioridades y acuerdos internacionales en materias de Cambio Climático y Biodiversidad.

Es así que en la actualidad diversos organismos, como por ejemplo la Organización para la Alimentación y la Agricultura (FAO) y también ONU Hábitat, promueven el enfoque utilitario de los *Beneficios que Aportan los Árboles Urbanos* como concepto central en materia de justificación de su cultivo en las urbes, los que se pueden agrupar en ambientales, sociales y económicos.

A pesar de lo señalado en el párrafo anterior y debido a la evidencia entregada por diversos investigadores esta última década, se hace necesario ir más allá aún, por lo que en este texto se intenta definir un nuevo marco conceptual, sustentado en evidencia científica vigente, que oriente la gestión que sobre los árboles urbanos se realiza.

El Autor

CAPÍTULO I: EL ÁRBOL DE LA FELICIDAD

1.1.- Introducción

Ver los rayos del sol cuando cruzan el follaje de un árbol y se esparcen con distintos tonos envolviendo todo a nuestro alrededor, experimentar en verano como la fresca sombra de un árbol nos acoge y nos hace sentir bien, intentar abarcar con la mirada todos los detalles que conforman la estructura de un árbol para terminar rindiéndose ante su presencia, son todas situaciones que nos embargan, que por alguna razón tocan fibras de nuestro ser que, aunque no las podemos identificar claramente, nos causan una grata sensación.

Sentimos que el árbol tiene que ver con nuestro bienestar, que su presencia tiene un efecto profundo en nosotros, que existe un mundo en el que coexistimos y nos interrelacionamos como lo haríamos con antiguos amigos que cada cierto tiempo volvemos a encontrar. Con mayor razón aún frente al árbol que presenta una enorme singularidad, sea por su belleza, por su tamaño, edad, historia u otro aspecto similar, ante el cual tenemos siempre la sensación de que éste satisface gratamente necesidades espirituales o físicas, generando en nosotros un estado que nos hace sentir bien.

Para muchos el caminar por el bosque es una actividad sublime que transporta a quien la realiza a un estado de tranquilidad. Parece interesante entonces conocer los diferentes efectos que los árboles producen en nosotros, diferenciando los efectos que se obtienen al caminar por cualquier lugar y caminar especialmente entre árboles. Es interesante también preguntarse entonces respecto de que es lo que tienen los árboles que hace la diferencia entre una actividad cualquiera al aire libre y una actividad que se realiza en presencia de ellos.

Diversas investigaciones han aportado información respecto del efecto que causa la presencia de los árboles urbanos en las personas, encontrando que los árboles disminuyen el estrés, nos vuelven más pacíficos y amigables, recuperamos la concentración estando con ellos, las personas que se recuperan de una enfermedad tienen una convalecencia más corta y para ellos se requieren menos drogas para reducir el dolor, entre muchos otros resultados benéficos para el ser humano, los que son importantes de considerar al momento de hacer referencia a la felicidad.

También se ha comprobado que los residentes de viviendas con árboles normalmente son más constructivos y presentan menos casos de violencia intrafamiliar que aquellos que viven en barrios similares pero sin presencia de árboles. Un tercer ejemplo indica que el disfrutar de parques disminuye la depresión e induce a estados de paz y tranquilidad emocional, además de restaurar nuestra capacidad de concentración y de resolución de problemas.

Es preciso reconocer que algunas publicaciones que han sido vinculadas con beneficios sociales de los árboles urbanos presentan datos respecto de realidades muy distintas, como por ejemplo aquellas que señalan que las personas que participan en actividades de renaturalización son más sociables, pudiendo tratarse de arborización o del cultivo de una huerta comunitaria que no contempla la incorporación de árboles. También es común encontrar iniciativas que estando ideadas para que las personas disfruten de los árboles urbanos, crean cosas que no tienen árboles o los incorporan escasamente, como por ejemplo los parques urbanos, los jardines sanadores y los techos verdes de los hospitales, que se supone deberían contribuir a acelerar la recuperación de los enfermos.

Existen más investigaciones en el ámbito de la psicología ambiental que apuntan en la misma dirección, es decir, que señalan el efecto positivo que tienen los árboles sobre las conductas de las personas y sus estados de ánimo, lo que lleva a pensar en el aporte que los árboles y bosques urbanos pueden realizar a la felicidad de los habitantes de las urbes. Lo señalado tiene una gran importancia cuando se elaboran métodos y técnicas destinadas a la gestión de los árboles urbanos, donde se podría pensar en que esos métodos y técnicas fueran ideados para lograr que las personas que viven en las ciudades y comunas pudieran ser cada vez más felices, acorde al trato que se dé a los árboles urbanos que en ellas prosperan.

El interés general por conocer más respecto de los árboles sigue aumentando constantemente, lo que se traduce en numerosos artículos publicados en revistas y otros medios escritos, físicos o virtuales, que hacen referencia al árbol más grande del mundo, al árbol más viejo, al árbol de mayor copa, al árbol más hermoso, al efecto de los árboles sobre las personas, entre tantas otras características que de ellos se puede destacar. En redes sociales ocurre lo mismo, siendo posible encontrar en ellas una enorme diversidad de grupos de interés y publicaciones sobre los árboles, las que van desde imágenes que muestran su belleza hasta aquellas publicaciones que basándose en resultados de investigaciones realizadas bajo el paradigma utilitario imperante, identifican la aplicación de mejores prácticas, tendientes a maximizar los beneficios que los árboles urbanos proveen.

Lo señalado puede ser entendido de mejor forma o en mayor profundidad cuando se analiza a la luz de los aspectos que conforman la psicología positiva, disciplina relativamente nueva que ha dado un nuevo sentido al estudio de las emociones, los sentimientos, los estados de ánimo y, en general a la forma como actuamos frente a las distintas situaciones que de un modo u otro nos afectan. Es probable que en este texto, donde se produce el encuentro de conceptos y situaciones, surjan nuevos elementos que nos permitan entender de mejor forma el orden que tienen los efectos siempre positivos que los árboles tienen sobre las personas.

Lo señalado apunta a dar sustento a la afirmación de que la presencia cercana y bien gestionada de los árboles en las urbes tiene algo que ver con nuestros estados de ánimo, con nuestra emotividad y en definitiva con nuestra felicidad. Esta es precisamente la preocupación de este primer capítulo, el que aborda el tema de la felicidad con relación al árbol, con énfasis en los árboles y el bosque urbano, aportando elementos que permitan una comprensión más profunda de la relación entre el ser humano y los árboles, de tal forma que sea posible dar un énfasis distinto a la importancia de los árboles urbanos, superando aquella comprensión utilitaria que existe en la actualidad que está enfocada en los beneficios de los árboles urbanos.

1.2.- Elementos de contexto para los árboles urbanos

Desde inicios de la década de los ´90 se ha desarrollado un enfoque respecto de los árboles basado en los múltiples beneficios que éstos aportan, aspectos que son generados por sus características biológicas y funcionamiento. Este enfoque fue adoptado en la Cumbre de la Tierra (1992) logrando una amplia aceptación para aplicarse a los bosques y árboles fuera del bosque, contenidos que con posterioridad han sido especificados también para los árboles urbanos, llegándose a identificar, al menos unos 25 de estos beneficios que los árboles urbanos aportan de forma simultánea, los que se han agrupado en las categorías ambiental, social y económica. Estos beneficios consideran aspectos tales como el secuestro de carbono, la emisión de oxígeno, la regulación de la temperatura local, el efecto sobre el comportamiento de las personas y la recuperación de los enfermos, la captura de partículas contaminantes suspendidas en la atmósfera, la preferencia de los clientes por empresas establecidas en zonas arboladas, el incremento en el precio de las propiedades que tienen árboles en sus aceras, entre otros (Del Pozo. 2017).

Las necesidades que satisfacen los árboles urbanos se pueden agrupar también en físicas y espirituales. Aquellas de tipo físico tienen que ver con aspectos ambientales principalmente, tales como los ya señalados en cuanto a secuestro de carbono, producción de oxígeno o captura de contaminantes. Podemos mencionar también el control de taludes, la regulación del ciclo hídrico y recarga de napas subterráneas, la protección de la biodiversidad, etc. Las necesidades de tipo espiritual que satisfacen los árboles urbanos tienen relación con el fortalecimiento de la vida en comunidad, con la disminución del estrés, con la generación de conductas pacíficas y disminución de la agresividad de las personas o con la generación de vínculos con la naturaleza, estando relacionadas principalmente con sensaciones, sentimientos y la forma como entendemos al mundo.

Otro aspecto que también ha sido incorporado como parte de los beneficios que proveen los árboles tiene que ver con los pueblos originarios, los que en muchos casos sitúan al árbol en un lugar especial de su cosmovisión, el que al estar vinculado al conjunto de sus creencias le es asignado un carácter sagrado, siendo ejemplo en Chile de lo señalado el laurel (Laurelia sempervirens (Ruiz & Pav.) Tul.) para los huilliches de Chiloé, el tamarugo (Prosopis tamarugo Phil.) para el pueblo diaguita en Chile y Argentina, el foye o canelo (Drimys winteri J.R. Forst. & G. Forst.) para los mapuches, la araucaria (Araucaria araucana (Mol.) K. Koch.) para los pehuenches, el pirul (Schinus molle var. areira (L.) DC.) en el caso del Tawantinsuyu. Es importante señalar que la incorporación del árbol en su cosmovisión por parte de los pueblos originarios de Chile viene de muy antiguo, asociado a creencias animistas del norte de Asia, y tiene su origen mucho antes del poblamiento de América.

En este contexto tan diverso y de acuerdo a lo mencionado anteriormente, el arbolado urbano ha comenzado a tener cada vez mayor importancia, quizás debido a la preocupación por la degradación del medio ambiente o la preocupación que existe por el incremento de la temperatura media del planeta, generada esta por el período interglacial (causas naturales) en que nos encontramos y los efectos del cambio climático (causados por la actividad humana), lo que está resultando en pérdida de glaciares, sequías y olas de calor que se traducen en una rápida aridización de amplias regiones del planeta, sequías e inundaciones, entre otros aspectos.

Como sea, es cada vez mayor la preocupación del ciudadano común por la aplicación de buenas prácticas en la gestión del arbolado urbano, en cualquiera de las formas en que el árbol se encuentre presente en las urbes, cuestión que aún no se manifiesta en los hechos pero no tardará en ocurrir. El proceso de toma de conciencia señalado es muy lento, toda vez que las personas, al parecer, piensan que el cambio climático "no tocará a sus puertas", lo que se puede ejemplificar en el derretimiento de los glaciares, donde sabemos que están desapareciendo los glaciares que se encuentran en los polos, lugar más extremos del planeta para su existencia, por lo que no existe razón alguna para suponer que los glaciares que, por ejemplo, se encuentran en la cordillera de Los Andes y abastecen de agua a los ríos en verano, luego de un lento período de retroceso, en un futuro mas bien cercano no van a desaparecer. Pareciera que solo van a desaparecer aquellos glaciares con osos polares que vemos en televisión. La misma indiferencia existe para con los árboles urbanos en todo el mundo, los que son sometidos a una devastación periódica que resulta en mutilación, lo que impide que contribuyan a mitigar los efectos de las islas de calor.

Entonces, la degradación ambiental y el cambio climático son problemas que producen sensaciones de inseguridad, que preocupan o que deberían preocupar a las personas afectando la confianza en el futuro, considerando que no son solo los árboles urbanos o el retroceso glacial en los polos los elementos del ambiente que están siendo afectados. A modo de ejemplo señalar que en la precordillera de Santiago, ya a fines del siglo pasado se observaban árboles adultos del bosque esclerófilo secos, muertos en pie.

Hay mucho de una sutil esquizofrenia en la forma como reacciona la sociedad en estos temas, considerando por ejemplo que en algunos países se están elaborando leyes para proteger los glaciares, como si fuera posible aquello. En otros casos están dando prioridad al consumo humano de agua, profundizando en la explotación de la napa freática, esfuerzo que lamentablemente y como se ha demostrado no conduce a una solución duradera, sino que solo alarga la agonía y el uso de recursos mientras ocurren los últimos deshielos.

A nivel local son evidentes las muestras de preocupación cuando un árbol es innecesariamente podado, mal podado o podado en exceso, con reacciones contrarias muy potentes también en el caso de evidente mutilación de los árboles urbanos. Las personas, el ciudadano común, sienten que se les arrebata el oxígeno que los árboles producen, que por culpa de un mal manejo de sus árboles sufrirán los efectos de las cada vez más frecuentes olas de calor, que no se considera la necesidad de incrementar el follaje de los árboles urbanos para que actúen limpiando el aire que respiramos, actuando los podadores exactamente en el sentido contrario, a saber: podando y mutilando la copa de los árboles periódicamente o inclusive año tras año. A casi 50 años de la Cumbre de la Tierra de Estocolmo (Suecia) y a 30 años de la Cumbre de la Tierra de Río de Janeiro (Brasil), las personas, los ciudadanos, aún no están absolutamente consciente de la importancia del cuidado del medio ambiente, lo que en las urbes se debería traducir, entre otros aspectos, en la plantación y el cuidado de los árboles urbanos.

Para ser más concretos aún: lo que se intenta destacar es la evidente resignificación del árbol urbano que ha ocurrido, al menos, a nivel de discurso en la sociedad, en publicaciones en textos o redes sociales en las que ya no se ve al árbol como un elemento de decoración, como un adorno, como parte del ornato de la ciudad, sino que el árbol urbano se ha convertido en un aliado que ayuda a vivir mejor a las personas y sus comunidades, que con su presencia y funcionamiento va justamente en contra de todo aquello que los problemas ambientales implican. La reacción natural de las personas cuando falta un árbol debiera ser la de realizar todo lo necesario para que ese aliado natural esté presente en nuestra vida cotidiana, cuando se secan ramas debiera buscarse la forma de regarlo y si no tiene tasa (alcorque) se debería cavar una, cuando se mutila un árbol reclamar para que aquello no vuelva a ocurrir y asegurar mantención al árbol herido.

Debería entonces ser también una reacción natural de toda persona el defender al árbol urbano cuando se observa que está siendo mal gestionado, perjudicado o incluso destruido.

Estas emociones y sentimientos que causan los árboles establecidos en zonas urbanas o que pueden ser plantados allí no son triviales, forman parte del nuevo acervo cultural que deben poseer los ciudadanos y que muchas personas ya exiben, quienes están cada vez más conscientes de los beneficios físicos y espirituales que los árboles urbanos aportan a sus viviendas, sus barrios y sus comunas. Lamentablemente estos avances no están acompañados de la creación de más viveros, de un incremento en la producción de árboles urbanos, de una mayor diversidad de especies que puedan ser establecidas en lugares con mucho espacio y también en espacios reducidos. Considere el lector que, tomando en cuenta las aceras y áreas verdes, solo en la Comuna de Santiago se utilizan cerca de 200 especies arbóreas distintas.

Para disfrutar de la naturaleza y específicamente de los efectos benéficos de los árboles no hace falta salir al bosque. Los espacios verdes de la ciudad aportan experiencias gratas que convierten a los árboles urbanos de calles, avenidas, plazas y parques, en un elemento clave para el bienestar. De no ser así, es necesario alejarse de los enfoques urbanistas que han convertido en desiertos a las ciudades, caracterizadas por falta e incluso ausencia de áreas verdes. De hecho, en sus investigaciones en plazas de Madrid, el profesor José Antonio Corraliza y su equipo observaron que las plazas con más vegetación son las preferidas de los vecinos porque tienen mayor capacidad de restauración psicológica, no porque sean más bonitas (Martin. 2015).

A continuación se presentan los resultados de tres investigaciones vinculadas con agresividad y presencia de árboles y distintos niveles de naturaleza y vegetación cercana, encontrándose que "cuanto más verde era el entorno de un edificio, menos delitos eran denunciados" (Kuo y Sullivan. 2001), que "la densidad de los árboles y el mantenimiento del césped aumentaron tanto la preferencia como la sensación de seguridad de los habitantes de un barrio" (Kuo, Bacaicoa y Sullivan. 1998) y que "los residentes que viven en edificios relativamente áridos informaron más agresión y violencia que sus contrapartes en edificios más ecológicos. Además, los niveles de fatiga mental eran más altos en edificios estériles, y la agresión acompañó a la fatiga mental" (Kuo y Sullivan. 2001). El primer resultado se obtuvo al comparar las tasas de criminalidad de 98 edificios de apartamentos con diferentes niveles de vegetación cercana. El segundo resultado se logró al calificar imágenes con variación en la ubicación de árboles, densidad de árboles y mantenimiento del césped. Los resultados de la tercera investigación se obtuvieron al comparar los niveles de agresión de 145 residentes de viviendas públicas urbanas asignados al azar a edificios con diferentes niveles de naturaleza cercana.

Otras investigaciones han demostrado que las personas que viven en la ciudad, en comparación con quienes habitan en entornos rurales, tienen mayor probabilidad de sufrir trastornos del estado de ánimo y de ansiedad. Los trabajos que se han realizado respecto de los procesos neurales responsables de estos hallazgos, encontraron en quienes vivían en entornos urbanos una mayor actividad en la amígdala, área cerebral involucrada en la emoción de miedo y la respuesta al peligro, y por lo tanto, mayor sensibilidad al estrés (Casado. 2018).

El profesor Miyazaki (2018) ha liderado una investigación que tiene por finalidad conocer el efecto que el disfrute de los árboles tiene en las reacciones fisiológicas del ser humano, actividad que denominó "Baños de Bosque", para lo que consideró cuatro formas de medir el estrés y la relajación en el cuerpo humano, a saber: midiendo la actividad cerebral, midiendo la actividad del sistema nervioso, midiendo los marcadores del estrés en la saliva y midiendo la actividad inmune.

Las mediciones efectuadas a personas que participaron en actividades de terapia forestal o Baño de Bosque entregaron los siguientes resultados: disminución en la actividad del sistema nervioso simpático (que aumenta durante situaciones de estrés), aumento de la actividad del sistema nervioso parasimpático (que aumenta durante la relajación), disminución de la tensión sanguínea, del pulso y de la concentración de la hormona del estrés: el cortisol. Es interesante destacar que existen otros compuestos que tienen relación con los estados de ánimo positivos, como son la dopamina, oxitocina, serotonina y endorfinas (BBC Mundo. 2017), pero el experimento realizado por el profesor Miyazaki se centró en tomar muestras en el terreno que fueran efectivas y de fácil medición.

Es indudable el efecto benéfico que tienen los árboles sobre el equilibrio espiritual de las personas, lo que según lo analizado incluye procesos químicos que generan cambios en el funcionamiento del sistema nervioso. No debemos olvidar que los árboles fueron el hogar de las especies que dieron origen a nuestros antepasados evolutivos: los primates, por más de 60 millones de años, destacando especies como Purgatorius ceratops e Ignacius graybullianus, mamíferos arborícolas que vivieron en la horquilla de 10 millones de años que se dio entre la extinción de los dinosaurios y la aparición de los primeros primates (De Jorge. 2009; Wikipedia. S/f).

Además de los elementos traza generados por los árboles que presenta el sistema nervioso del ser humano, los que se originaron hace decenas de millones de años en el proceso evolutivo de especies que de ser terrestres se convirtieron en arborícolas, también existen vestigios evolutivos arborícolas en otros sistemas del cuerpo humano, situación que nos permitirá en algunos párrafos más adelante afirmar la existencia en nuestro cuerpo de mecanismos que son activados por los árboles y que nos dan tranquilidad, despertar interno que se puede asimilar solo con el regreso después de mucho tiempo y sacrificio a la querencia de cada cual.

Entonces, en este punto de partida se está proponiendo pasar de un enfoque basado en los beneficios que los árboles urbanos aportan a otro diferente que los agrupa en beneficios físicos y espirituales. En una presentación realizada el año 2017, como parte del lanzamiento del libro titulado “Fundamentos de la

Arboricultura Urbana" (Del Pozo, 2018), pregunté a la audiencia respecto de si ellos plantarían un árbol en sus calles aunque estos no entregaran beneficio alguno. La pregunta apunta a que hemos establecido una relación utilitaria con el árbol urbano que atenta contra la incorporación de muchas especies en nuestra ciudad. Es decir: ¿si los árboles no nos dan beneficios no los plantamos en calles, avenidas y áreas verdes?, y menos aún ¿estaríamos dispuestos a cuidarlos?

Es interesante la idea de valorar los árboles urbanos por sus beneficios espirituales, los que tienen mucho que ver con nuestra felicidad. Y aquí nace una nueva pregunta: ¿plantaríamos y cuidaríamos a los árboles urbanos si ellos incrementaran con su generosa presencia nuestra propia felicidad?

Sin embargo, todo lo señalado está afectado por las nuevas condiciones de precipitaciones y temperaturas que imponen el intervalo climático interglacial en que nos encontramos y también el cambio climático, cuyo efecto combinado dificulta o favorece las condiciones en que los árboles son establecidos en el ya árido e inhóspito ambiente encementado y asfaltado de nuestras ciudades. Por este motivo a continuación se describirán los efectos de los procesos señalados en el territorio de Chile, país desde donde se ha escrito este libro.

Es necesario recordar que, a diferencia del *período interglacial*, el *cambio climático* es un fenómeno causado por el ser humano, de tal forma que el cambio de ciertas conductas en las personas inciden en la eliminación de los fenómenos climáticos señalados en párrafos anteriores, aunque conductas como la deforestación, emisión de CO_2 y otros gases de efecto invernadero, creación de islas de calor, entre otros, son de larga data.

Al respecto señalar primero que los efectos sobre la naturaleza atribuibles al cambio climático que se observan en la actualidad, son sequías, mega incendios forestales, olas de calor, avance de los desiertos, mayor intensidad de tornados, derretimiento de glaciares en las cordilleras y cambio en el régimen de precipitaciones, con una consecuente disminución de agua para consumo humano, agrícola e industrial. Es más que evidente el efecto negativo que estos fenómenos tienen sobre la calidad de vida de las personas, lo que indica que su nivel de felicidad disminuye debido al cambio climático.

Chile posee en el norte de su territorio el desierto más seco del mundo, en la zona central el bosque mediterráneo denominado bosque esclerófilo, en el sur la pluviselva fría y en la zona austral el bosque andino patagónico. Esta variedad de ecosistemas está siendo afectada producto del cambio climático, especialmente en la zona central del país por el avance del desierto y pérdida de glaciares a lo largo de toda la cordillera andina. En otros lugares del mundo, en otras latitudes, los efectos del cambio climático hacen más habitables lugares que hoy están de forma permanente con temperaturas gélidas o demasiado calurosas.

A modo de ejemplo señalar algunos datos respecto de la evolución de los bosques naturales de Chile, lo que representa un indicador respecto de los efectos del cambio climático. En la actualidad estos corresponden a un 20 a 25% de los bosques naturales que existían en este territorio hace 500 años, a la llegada de los conquistadores españoles, disminución de superficie boscosa que se debe a diversos fenómenos, entre los que se cuentan: incendios intencionales para abrir caminos o habilitar terrenos para la colonización europea y otros motivos similares, tala de bosques para producir trigo en tiempos de la fiebre del oro en California (1848 a 1855) y Australia (1851 a 1860), para otros usos agrícolas, creación de ciudades convertidas actualmente en islas de calor debido a una falta atávica de visión urbanística que se mantiene hasta la actualidad (Del Pozo. 2013).

Por los motivos señalados, el cambio climático encuentra a Chile en una deplorable situación, traducida en una mínima capacidad del país para realizar secuestro de carbono mediante la actividad biológica de los bosques naturales. En la actualidad la principal causa de pérdida de bosques es la aridización que avanza de norte a sur, afectando especialmente a la vegetación natural e introducida de la zona central del país. El incremento de la temperatura media del planeta y el retroceso glacial, junto a una acentuada irregularidad en las precipitaciones, ha creado las condiciones de aridez que explica la muerte en pie de especies más higrófilas y de amplias zonas de bosque esclerófilo, como son el maitén (Maytenus boaria Mol.), Lingue (Persea lingue (R. et Pav.) Nees ex Kopp), foye o canelo (Drimys winteri; J.R.Forst. & G.Forst.) o guayacán (Porlieria chilensis I.M.Johnst.).

La escasa disponibilidad de agua en algunas zonas del centro y norte del país se ha convertido en un problema principal para la subsistencia de las personas y la producción agrícola e industrial, sobre todo cuando se considera que los glaciares que abastecen los ríos de agua en esa zona están prontos a desaparecer en su totalidad.

La contaminación urbana, que se inició con la revolución industrial, especialmente la contaminación del aire, la migración rural hacia las ciudades, el hacinamiento y falta de higiene, generó una alta apreciación por los espacios verdes y la vegetación urbana en general. En la segunda mitad del siglo XIX se crearon en Chile numerosos parques y se inició la arborización de diversas ciudades. A fines del siglo XX los espacios verdes de Santiago sumaban 800 hás., y representaban el 12% del área urbana. Si consideramos que en esa época la población de Santiago era de 403.775 habitantes y en 1930 era de 696.000 habitantes, se obtiene 19,8 y 11,5 m^2 de área verde por habitante respectivamente (Pavez. 2002; Comisión Central del Censo. 1907). Lamentablemente y como era de esperar, las políticas urbanistas de las décadas siguientes no continuaron con el mismo enfoque, por lo que en la actualidad existen comunas que no poseen parque alguno, situación que no ha sido enfrentada debido a la ausencia de innovación por parte de las políticas urbanísticas que impulsa el estado, la política de viviendas sociales y el incomprensible y excesivo costo de la construcción de parques.

De la misma época es la primera etapa del Central Park (1861) en Estados Unidos. Para paliar el efecto del fenómeno señalado, ya a inicios del siglo XVII en Europa se abrieron al público como parques públicos los cotos de caza de la realeza, como por ejemplo Hyde Park en Inglaterra.

La contaminación ambiental y los efectos del cambio climático atentan contra la salud de las personas y de sus posibilidad de disponer de servicios básicos, situación que obstaculiza sus posibilidades de desarrollo, y según lo veremos más adelante van en contra de lo señalado en el contenido de diversos textos constitucionales. Si el fin del estado es la felicidad de las personas, su bienestar y sus condiciones de vida, no parece razonable que existan situaciones en las que los ciudadanos no puedan desarrollarse por causas de la contaminación del ambiente, del uso irracional de los recursos naturales, por efectos del cambio climático o inclusive por políticas gubernamentales que crean "zonas de sacrificio" en territorios con localidades con población.

1.3.- La felicidad a través del tiempo

Hace 10.000 años se inició el neolítico y el Homo sapiens comenzó a conseguir sus alimentos mediante la agricultura y la ganadería. En la etapa anterior, el paleolítico, el ser humano era recolector y cazador. Al respecto Felice (2020) señala que mientras existieran abundantes recursos y animales para cazar, las sociedades primitivas no tenían motivo para preocuparse de su felicidad ya que, sin duda, eran felices. Sin embargo, cuando escaseaban los animales, frutos y semillas, y sufrían restricciones en el consumo de alimentos, seguramente se cuestionaban la situación en que se encontraban, la que podía llegar a ser de vida o muerte. Es interesante destacar que el inicio del neolítico coincide con el fin del retroceso en Europa de las masas de hielo producidas en la última glaciación, las que llegaron a ocupar gran parte de la superficie del planeta.

Si nos situamos más atrás aún en el tiempo, señalar que desde muy antiguo se sucedieron migraciónes del hombre primitivo, desde áfrica hacia Asia y Europa, siendo las más antiguas registradas de hace 50.000 años. Por otro lado, los estudios lingüísticos realizados para identificar la relación entre lenguas y, por consiguiente, las lenguas más antiguas o lenguas madres, identifican la zona del mar negro como el lugar donde hace 5.000 años AP. surgieron los primeros pueblos que hablaban una lengua común, el protoindoeuropeo.

Al norte del mar negro se sitúa la hipótesis de los kurganes, presentada en 1956 por la arqueóloga lituana Marija Gimbutas (1921-1994) quién combinando arqueología y lingüística identificó al conjunto de culturas en cuestión: «cultura de los kurganes», señalando allí la sede originaria de los pueblos hablantes del protoindoeuropeo (pIE). La primera familia indoeuropea de la que se tiene constancia es la anatolia. Tan antigua es, que en época del Imperio Hitita había una lengua litúrgica, usada solo con fines rituales, que para algunos sería una de las últimas fases de esa misma lengua indoeuropea. (Ríos. 2018). Es interesante este origen común de todos los pueblos que poblaron Europa y Asia, cuyas lenguas se iban transformando en la medida que se distanciaban unos de otros.

Pero el origen de sus respectivas lenguas no era lo único que tenían en común estos pueblos ya que todos ellos compartían creencias animistas, según las cuales, además de los seres humanos, tenían espíritu las plantas en general, los árboles, los elementos como el agua, la tierra, las rocas y los demás animales. La generalidad de estos pueblos primitivos tenía árboles a los que consideraban sagrados y bosques en la misma categoría, en los que realizaban reuniones y ceremonias. (Del Pozo. 2017). Los árboles y bosques sagrados están presentes en India, China, Mongolia, Siberia, en toda Asia. En Europa celtas, germanos, y demás tribus también los elegían. Todos los pueblos mencionados tenían en común el cuidado especial de ciertos lugares del bosque. También representaban con un árbol su cosmovisión del cielo, la tierra media y el inframundo, lugares donde viven los dioses en la copa, los hombres en el tronco y los demonios en las raíces.

Es interesante destacar que muchos de aquellos pueblos que cruzaron el Estrecho de Bering cuando aún estaba congelado, es decir, entre el 30.000 y 10.000 AP. tienen creencias similares, lo que considerando los árboles sagrados señalados más arriba de este texto, se señalan a continuación:

- La ceiba o yaxché en maya yucateco, era el árbol sagrado de los antiguos mayas, (Yucatán, Tabasco y Chiapas, en el sur de México, así como en Guatemala, El Salvador y Nicaragua).
- Con la madera del árbol llamado yvyrapepe, el leño más denso y duro asequible, el ser supremo hizo la tierra al igual que se hace la cestería. También diversas lauráceas denominadas aju'y. cedro misionero o yvyra ñamandu, "el árbol del creador" de los indígenas de Paraguay (Keller. 2013).
- Pirul, pimiento boliviano, molle (Schinus molle). Árbol sagrado del imperio incaico.
- El quishuar o kishwar (Buddleja incana) es un árbol andino de la familia de las Scrophulariaceaes, que crece entre los 3000 a 3500 msnm es nativo de Bolivia, Perú, Ecuador y Colombia. Es considerado por los pueblos andinos como árbol sagrado.

La antigüedad en que ocurrió la separación de estos pueblos americanos de aquellas etnias que les dieron origen en Asia, que supera los 10.000 años AP., indican que de alguna manera la función que cumplen los árboles en la representación de la cosmovisión de los pueblos animistas, tiene también un origen común, el que es muy antiguo y se pierden sus orígenes en la historia remota de la humanidad.

Entonces el árbol siempre ha sido importante en la vida y desarrollo de la especie humana. Consideremos el lugar que en el 900 a.C. se asignó al árbol en la Biblia. Al inicio del libro del

Génesis (2:9) se describe en parte el Jardín del Edén, señalando lo siguiente: "Yavé Dios hizo brotar del suelo toda clase de árboles agradables a la vista y buenos para comer. El árbol de la Vida estaba en el jardín, como también el árbol de la Ciencia del bien y del mal "(SOBICAIN. 2005). Es interesante preguntarse: ¿por qué no se asignó tan alta responsabilidad de ser el depositario de la vida o de la Ciencia del bien y el mal a una montaña, a un animal o a un fenómeno climático? ¿Por qué es un árbol el responsable del bien y el mal? Otra pregunta que se puede hacer al respecto es: ¿Por qué se creó un jardín, el Jardín del Edén para que allí residiera el árbol de la vida y el árbol de la Ciencia del bien y el mal? Es interesante esta figura de un jardín donde brotaban todo clase de árboles agradables a la vista y buenos para comer. Sin intentar dar una explicación única, es probable que la vida placentera que tuvieron nuestros antepasados en los árboles durante millones de años haya dejado una impronta en nuestros recuerdos.

Y llegamos a la época actual donde los árboles vuelven a ser relevantes en nuestro desarrollo y quizás en nuestra sobrevivencia futura, donde por costumbre intentamos justificar nuestro entusiasmo por incrementar su presencia y vigor a través de una larga enumeración de los beneficios que ellos nos entregan, acostumbrados quizás a traducir todo en algún tipo de utilidad. Tengo la esperanza en que después de leer estas líneas y las que vienen se pueda cambiar el enfoque utilitarista que existe en torno al árbol, enfoque que es solo un reflejo de los males de nuestra época. Los árboles aún esperan que recuperemos nuestra conciencia, al fin y al cabo ellos son la querencia de la humanidad.

No olvidemos que los árboles son seres vivos y que como tales poseen ciertas características y propiedades, las que debemos considerar si nuestro propósito es disfrutar de su presencia en zonas urbanas, trabajando para que permanezcan sanos, para que mantengan su vigor durante todo su ciclo de vida, aspectos que se abordarán en el capítulo II de este texto.

Es en la edad antigua donde encontramos las primeras preocupaciones por la felicidad, constituyéndose la obra de Aristóteles (384 al 322 a.C.) en un hito de la mayor relevancia en esta materia. De acuerdo con este filósofo el hombre se fijaba objetivos y para lograrlos utilizaba distintos medios, situación que se repetía una y otra vez, donde los objetivos alcanzados se convertían a su vez en medios para alcanzar el siguiente objetivo. La felicidad no era un objetivo sino un fin último ya que una vez alcanzada no se convertía en un medio para lograr un nuevo objetivo. La felicidad (Eudaimonía) se conseguía por medio de la práctica de la prudencia y de la sabiduría, lo que incrementaba la virtud. Entonces la felicidad es una conquista ética que se produce por hábitos conscientes y repetitivos, debido a que el hombre debe optar permanentemente entre hacer el bien y el mal, donde el auténtico bien hace que sea feliz. El hombre naturalmente tiende hacia las cosas placenteras, huyendo de las tristes y penosas, pero hay placeres que no son bienes, pues son reprochables, y el hombre que los prefiere es un corrupto que no podrá ser feliz.

Consideremos que Aristóteles desarrolló su pensamiento en la antigua Grecia (1150 al 30 a.C.), en medio de una sociedad eminentemente agrícola y comercial, en la que tenían plenitud de derechos solo los ciudadanos, clase social que estaba conformada por quienes hablaban griego y habían nacido en Grecia. Las mujeres, los extranjeros y por sobre todo los esclavos tenían derechos restringidos o simplemente no tenían derechos. Para Aristóteles el esclavo era un instrumento viviente. Esta aclaración es importante debido a que la noción de felicidad de Aristóteles, según la estructura social de su época, podía ser lograda considerando solo a los ciudadanos, quienes conformaban una minoría de la población en la Antigua Grecia. Al respecto Felice (2020) señala que "todos los estados preindustriales se basaban en la desigualdad y la justificaban. Se sostenían en la sumisión de la mujer con respecto al hombre y en la separación entre clases sociales". Las distintas formas de gobierno se sostenían en leyes que institucionalizaban la desigualdad, permitiendo que los hombres oprimieran a otros hombres y también oprimieran a las mujeres.

Las doctrinas de Aristóteles fueron recogidas durante la edad media por Santo Tomás de Aquino (1.225-1.274). Luego del Renacimiento surgió la Revolución Científica (1.543 – 1.687), lo que resultó en una discontinuidad con la tradición y el conocimiento medieval, demostrando la capacidad humana de aplicar el intelecto a la comprensión del mundo. La burguesía conformada por mercaderes había surgido como nueva clase social, la que daba importancia a los nuevos conocimientos y a la posibilidad de que con ellos surgieran nuevos productos que comercializar.

La Revolución Científica fue fruto de las nuevas ideas en materia de física, astronomía, biología y química, y con ellas el cambio en el paradigma filosófico que produjo el movimiento social e intelectual conocido como Ilustración (1715 a 1789). En un contexto en el que la categoría de las personas estaba determinada por su origen familiar, por ejemplo la aristocracia, se sostenía que todas las personas nacían iguales y tenían derechos naturales. Se creía en la posibilidad de progreso tanto material como moral de las sociedades a partir de los descubrimientos científicos y tecnológicos, confiando en que el conocimiento podía mejorar la vida de las personas y de las sociedades. Fueron de gran relevancia también el cuestionamiento a las monarquías absolutas y el principio de que el poder del rey provenía de Dios.

Además de las características señaladas, como el cuestionamiento de las monarquías absolutas, la Ilustración sostenía que todas las personas nacían iguales y tenían derechos naturales. Creía en la posibilidad de progreso tanto material como moral de las sociedades a partir de los descubrimientos científicos y tecnológicos, y confiaba en que el conocimiento podía mejorar la vida de las personas y de las sociedades. La Ilustración finaliza los primeros años del siglo XIX.

1.3.1. La felicidad en los textos constitucionales

La Ilustración tuvo una importante influencia en los criollos americanos, debido a que la difusión de sus cuestionamientos al poder político vigente y de la idea de igualdad de las personas ante la ley, fueron los principios que guiaron las revoluciones independentistas de las colonias europeas. Inspiró también el término de la monarquía absolutista, ya que su cuestionamiento a los privilegios de sangre dio fundamento a los principios de diversas Constituciones que se elaboraron en aquella época, entre las que se encuentran los Derechos del Pueblo de Virginia (1776), Independencia Estados Unidos (1776), Declaración de la Revolución en Francia (1789) y Constitución Francesa (1791). En estos textos predomina la obligación del estado de asegurar la felicidad de todos los ciudadanos. (Buendía. 2015).

En paralelo a la conformación de las primeras repúblicas, la ética de la virtud Aristotélica que predominaba durante la edad media fue reemplazada por la doctrina económica de la felicidad. Thomas Hoobes en 1651 y luego Bernard Mandeville en 1732 señalaron que el egoísmo era la razón por la que los hombres estaban de acuerdo con el poder del Estado y la avaricia el motor del nuevo éxito material. Luego Adam Smith en 1776 impulsó la noción de una economía de mercado que se organiza a si misma, donde la codicia podría ser aprovechada por el bien público. Finalmente Jeremy Bentham en 1798 añadió su tesis hedonista donde la felicidad estaba basada en el dolor y el placer, afirmando que todo acto humano, norma o institución deben ser juzgados según la utilidad que tienen, llamando la atención sobre la felicidad humana (hedonista) como el objetivo principal de las políticas públicas (Buendía. 2015).

Durante la primera mitad del siglo XIX diversas regiones y países latinoamericanos crearon sus constituciones: Constitución de Cundinamarca, Colombia (1811), Constitución Federal de los Estados de Venezuela (1811), Constitución de la Monarquía Española (1812), Constitución de Apatzingán (1814), Constitución Provisoria para el Estado de Chile (1818), Constitución Política de la República Peruana (1823), Constitución de la República del Uruguay (1830), Constitución de la República de Perú (1839) y la Constitución de la República de Honduras (1839). En esta época surgen conceptos como el de felicidad pública, felicidad del pueblo y la promoción de la felicidad.

Con los avances en la incorporación de la felicidad señalados, a partir de fines del siglo XVIII ésta, la felicidad de los ciudadanos, comenzó a tener un lugar importante en la actividad del estado, habiendo quedado consignada en muchos casos como una finalidad en la constitución de los países. En 1871 William Stanley Jevons, quién ideó el concepto de utilidad marginal, publica su obra Teoría de la Política Económica, donde, siguiendo a Bentham, traspasa el hedonismo utilitarista a la economía, convirtiéndola en la ciencia de la felicidad y el placer (De los Ríos. 2016).

A inicios del siglo XX comenzaron los gobiernos a preocuparse de temas sociales, como por ejemplo de la creación del seguro social o la creación de las pensiones públicas. A partir de 1930, debido principalmente a los efectos de la Gran Depresión de 1929, comenzó una expansión de la influencia del estado sobre las condiciones de vida de la población, lo que se reflejó en la incorporación de políticas públicas destinas a disminuir el desempleo y la pérdida de producción o el colapso del sistema financiero. Surgió de esta forma un nuevo modelo general de estado que se denominó Estado de Bienestar, el que a partir de 1945 se preocupa también de temas de educación, salud, vivienda, entre otros muchos aspectos de la vida social de los países.

En este período redactan sus constituciones paises como México (1917), Japón (1946), Uruguay (1967), Camboya (1976), España (1978) e Irán (1979). Es posible observar que en algunos de estos textos constitucionales comienza a desaparecer el concepto de felicidad y en otras se incorpora derechamente el concepto de bienestar.

En 1934 Simon Kuznets creó el Sistema Unificado Norteamericano de Contabilidad Nacional, cuyo indicador era el Producto Interno Bruto (PIB), el que estaba destinado a medir el valor monetario de la producción de bienes y servicios de un país durante un período determinado. Según lo revisado, es importante destacar que la economía tradicional sostiene que mientras más ingresos tengan los individuos y por tanto más puedan comprar, más felices serán. Y cuando una persona es pobre porque no tiene suficientes ingresos o no realiza un número importante de compras, bajo el mismo enfoque se considera que no es feliz (Buendía. 2015). Lo señalado tiene que ver con el concepto de utilidad elaborado por Bentham que es situado como igual a todo aquello que produce felicidad, por lo tanto, lo bueno y correcto es lo que produce placer y disminuye el dolor.

El trabajo realizado por Kuznets pronto se convertiría en una herramienta que permitiera ordenar y conocer en detalle las cuentas nacionales, siendo adoptado cada vez por más países, convirtiéndose el PIB en la medida en que los países demostraban su nivel de crecimiento económico, concepto este último que se entendió como desarrollo. Sabemos que el PIB muestra un agregado económico (macroeconomía) que puede posicionar a un país como altamente desarrollado, aunque en su situación interna (microeconomía) exista una enorme inequidad social.

En 1974 Richard Easterlin estudió esa relación para diferentes países, observando que a pesar de que la prosperidad (crecimiento económico) de los países desarrollados aumentó a lo largo de los últimos 50 años, la felicidad o satisfacción con la vida de sus habitantes se mantuvo constante, arribando a la conclusión de que, a partir de un cierto nivel de renta per cápita (unos 15.000 dólares anuales en valor de hoy) más dinero no aportaba más felicidad.

La paradoja de Easterlin señala que los niveles promedio de felicidad no se incrementan con el crecimiento de la riqueza de los países. Esta curiosa constatación ha alimentado un interesante debate sobre la relación entre el nivel de ingreso o consumo de las personas y su satisfacción con la vida. La paradoja de Easterlin también llevó a que la Organización de Naciones Unidas (ONU) creara el Índice de Desarrollo Humano (IDH), como alternativa al PIB o la renta per cápita, el que para medir el progreso de las naciones, entre otros aspectos, incluye salud, mortalidad infantil y educación (Pelligra. 2019), dando una mirada más amplia a la meramente económica que se utilizaba hasta ese entonces.

El Estado Benefactor ha sido también un contrapeso que ha resguardado a la población de los efectos de considerar solo al mercado a la hora de estimar el desarrollo de un país. Lo que no ha sido posible hasta la actualidad es asegurar la protección de la naturaleza, la conservación de la biodiversidad y el resguardo de los ecosistemas frente a la extracción desmesurada e inapropiada de los recursos naturales, la contaminación del aire, agua y suelos y, en general, el aseguramiento del funcionamiento de los distintos ecosistemas que conforman nuestro planeta.

Bajo los propósitos de política señalados, se han formulado diversos textos constitucionales, entre los que se pueden mencionar la Constitución Política de la República de Chile (1980), Constitución de la República de Honduras (1982), Constitución de Corea del Sur (1987), Constitución de la República de Namibia (1990). Destaca que en los textos constitucionales señalados predomina como finalidad el que la felicidad es un derecho.

El déficit en incorporación de materias ambientales en los textos constitucionales se ha visto agravado por el peligro que representa el Cambio Climático, junto con la necesidad de que los estados cumplan metas ambiciosas para disminuir las emisiones de gases de efecto invernadero.

Se han renovado en este período las constituciones de Bután (2008), Ecuador (2008) y de Bolivia (2009). En el primer caso, como parte de un proceso que viene desde la década del '70, se prioriza la Felicidad Nacional Bruta (FNB) en reemplazo del PIB, indicador que será analizado mas adelante dc forma especial en este mismo capítulo. En los dos siguientes casos correspondientes a países latinoamericanos, aparecen los conceptos de buen vivir y vivir bien, como una expresión que, entre otros aspectos, apunta a disminuir la presión extractivista sobre los recursos naturales, pero sin incorporar el concepto de felicidad.

De la revisión de los antecedentes señalados es posible deducir la forma como los procesos constituyentes han abordado la incorporación de la felicidad en los respectivos textos constitucionales resultantes, lo que en la muestra de países analizados, va desde la responsabilidad de los Gobiernos de crear la felicidad de los ciudadanos hasta lo que observamos en la actualidad en que la felicidad simplemente suele omitirse. (ver Anexo N° 1).

Una observación general al respecto tiene relación con los cambios que ha ido sufriendo el concepto de felicidad a través del tiempo, donde, por ejemplo, en el siglo XVIII era muy fuerte el racionalismo, por lo que se entendía que era posible encontrar la felicidad utilizando el conocimiento científico, tarea que a través de la redacción de las nuevas constituciones se traspasó a los respectivos gobiernos y al estado. También han tenido un importante efecto en la construcción de los textos constitucionales las crisis económicas y el efecto de las guerras mundiales.

A partir de 1974 la comunidad científica se ha preocupado cada vez más de conocer y estudiar los problemas ambientales, profundizando en sus causas y efectos, especialmente lo relacionado con el cambio climático. Desde esa época también la Organización de Naciones Unidas (ONU) viene realizando convenciones que apuntan a la definición de marcos globales de política, que sirvan a los países para dar respaldo a la elaboración de políticas ambientales y la creación de la institucionalidad respectiva. Recordemos que a esa fecha, hace 50 años atrás, eran muy pocos los países que habían creado una institucionalidad ambiental, teniendo la mayor parte numerosa normativa ambiental dispersa en diversos organismos públicos.

Sin embargo, las decisiones adoptadas por los gobiernos no

han permitido crear un correlato efectivo entre conocimientos científicos y políticas públicas, lo que significa que en la actualidad los temas ambientales son presentados por diversas personas y agrupaciones como desafíos pendientes. Pareciera estar incubándose una tendencia a incorporar en los textos constitucionales diversos elementos relacionados con la conservación del medio ambiente (ver tabla N° 1).

Tabla N.º 1: Tendencia de contenidos por período.

Período	Tendencia
Ilustración (1729 -1791)	Los Gobiernos son responsables de crear la felicidad y de crear el mayor bienestar.
Revolución Industrial (1811 a 1939)	Los Gobiernos promueven la felicidad, contribuyen a ella, la aseguran.
Estado de Bienestar (1917 a 1979)	La obtención de la felicidad es deber del Estado de Bienestar. En nuevas constituciones la felicidad es eliminada.
Crisis Ambiental (1980 a 1990)	Continúa desapareciendo la felicidad de los textos constitucionales. En algunas constituciones es deber del Estado crear bienestar para la búsqueda de la felicidad.
Cambio Climático (1993 a 2009)	Surgen nuevos conceptos como Felicidad Nacional Bruta (FNB), buen vivir o vivir bien, donde los dos últimos dejan de lado definitivamente la felicidad.

Fuente: Elaboración propia

1.3.2. Indicadores de felicidad

Según se señaló más arriba, no son pocos los estados que han incorporado la felicidad en sus constituciones como una finalidad importante de lograr. Como una forma de apoyar estos procesos o de conocer los avances en felicidad a nivel global, es que en estos últimos años se han creado diversos programas que han sido concebidos para conocer el nivel de felicidad que tienen o presentan los países o conjuntos de países.

Uno de los motivos de la creación de estos indicadores que buscan medir de alguna forma la felicidad de las personas radica en la Paradoja de Easterlin, es decir, en la necesidad de incorporar nuevas dimensiones que van más allá de aquellas simplemente económicas.

En el contexto señalado y a pesar de la tendencia de los países que en gran medida están abandonando la posibilidad de explicitar en sus respectivas constituciones la felicidad de sus ciudadanos, sea que esté consignada como un derecho de las personas o como una finalidad en sí misma, son numerosas las iniciativas que han surgido para medir el nivel de felicidad alcanzado por los habitantes de un país, región o global (Buendía. 2015). A continuación se mencionan algunos de ellos:

i.- Comisión para la Medición del Desempeño Económico y el Progreso Social (2008) de Francia, que tiene por finalidad identificar resultados concretos en materia de bienestar social y felicidad.

ii.- Medición del Bienestar Subjetivo (2010) por parte de la Oficina Nacional de Estadísticas de Inglaterra, por medio de la creación de un Índice de la Felicidad. Muestra, además del desempeño de la economía, la calidad de vida de los ciudadanos.

iii.- Acción por la Felicidad (2010) de Inglaterra. Considera de forma prioritaria la preocupación de las personas por los demás.

iv.- Bienestar, equidad y sostenibilidad es una iniciativa creada en 2010 en Italia para el análisis de los elementos básicos del bienestar y el progreso en los ámbitos social, económico y ambiental en ese país.

v.- Comisión para la Medición de Bienestar (2011) de Japón, que fue creada para promover la investigación sobre el crecimiento y el bienestar, la que además de la utilización de diversos indicadores estadísticos se apoya en una encuesta de calidad de vida que consulta aspectos específicos relacionados con la felicidad.

vi.- Índice de Felicidad Nacional Bruta de Bután, el que también se basa en los datos que provee una encuesta realizada a todos los ciudadanos de ese país sumado a datos estadísticos.

vii.- Desarrollo de la psicología positiva liderado por la Unión Europea y la Organización de Naciones Unidas que también se encuentran realizando esfuerzos en el sentido señalado.

Para avanzar en nuestra reflexión, revisaremos primero el índice de Felicidad Nacional Bruta de Bután, para conocer lo que ese país ha realizado para abordar la felicidad a nivel de familia, trabajo y amistades (comunidad). Luego daremos una mirada al esfuerzo que realiza la ONU a través de su Reporte Mundial sobre la Felicidad.

1.3.2.1. Índice de Felicidad Nacional Bruta de Bután

Bután ha realizado uno de los esfuerzos más coherentes entre aquellos países que han creado indicadores para medir el nivel de felicidad de sus ciudadanos, permitiendo esa iniciativa medir desde la opinión de sus habitantes los resultados comprometido en sus políticas públicas, como arreglo a su vez de su mandato constitucional. Nos referimos al indicador Felicidad Nacional Bruta, que se calcula con los resultados de una encuesta que se aplica periódicamente a cada uno de sus habitantes.

Es interesante considerar que Bután es un país que lleva varias décadas en este esfuerzo de medir la felicidad de sus habitantes, el que además cuenta con una enorme preocupación por el medio ambiente producto del cambio climático, especialmente por sus glaciares que son el origen de todos sus ríos, los que de desaparecer por efecto del cambio climático, coartarían sus posibilidades de activar su economía a través del turismo sustentable.

En este contexto se encuentra la experiencia que a continuación se describe.

El Reino de Bután, un pequeño país de 750.000 habitantes y 38.394 km^2 de superficie, creó en 1972 el Índice de Felicidad Nacional Bruta (FNB), contemplando que mediante encuesta sean consultados sus habitantes en los diversos aspectos que considera ese indicador, todo con el fin de conocer su nivel de felicidad, incluyendo temas como la plantación de árboles y la existencia de parques y de proyectos de áreas verdes. El Índice de Felicidad Nacional Bruta es una estimación que reemplaza en Bután al Producto Interno Bruto (PIB) y no se basa en la medición de la productividad, en el consumo o en el poder adquisitivo de sus habitantes, muy por el contrario, es algo más profundo ya que considera ámbitos económicos, comunitarios, ambientales y sociales, que en su contexto cultural son importantes para su felicidad. Tampoco corresponde a la idea que sobre felicidad tiene una élite o grupo determinado, ya que de acuerdo a enfoques propios toma decisión por el conjunto de los habitantes de ese país.

La Felicidad Nacional Bruta surge a partir de una "forma de ver el mundo" que se basa en conceptos diferentes a los que utiliza el mundo occidental. Por este motivo es fácil darse cuenta también que los Indicadores de Felicidad, que a partir de la experiencia de Bután han surgido, centrándose solo en aspectos de ingresos y consumo, en criterios enmarcados en el tener, en cosas externas a la realidad humana, no dan plena cabida a las necesidades fundamentales de las personas. Esta importante diferencia lleva a pensar en la relación que existe entre, por ejemplo los árboles y la felicidad, lo que en el índice de FNB va más allá del simple hecho de intentar solucionar un problema puntual o satisfacer una necesidad específica. Con relación a la felicidad los árboles son más que un bien que al ser explotado produce ingresos económicos.

La Felicidad Nacional Bruta (FNB) mide la calidad del desarrollo de un país de una manera más holística y completa que el PNB, ya que considera que el desarrollo beneficioso de la sociedad humana tiene lugar cuando el desarrollo material y espiritual se produce lado a lado, para complementarse y reforzarse mutuamente. (Ura, Alkire y TshokiZangmo. 2013).

De acuerdo a lo señalado por Buendía (2015), el concepto butanés de la Felicidad Nacional Bruta se fundamenta en los siguientes cuatro pilares: político, económico, cultural y medioambiental, a saber:

a.- Desarrollo socio económico sostenible y equitativo: Este pilar se fundamenta en que el desarrollo socio económico es insostenible cuando agota los recursos a costa de las especies y generaciones futuras y no es equitativo cuando beneficia solo a unos pocos y excluye a la mayoría.

b.- Conservación del Medio Ambiente: Un medio ambiente saludable es esencial para la supervivencia humana y de todas las formas de vida, para lo que se requieren políticas que consideren mecanismos para reparar daños cometidos contra el medio ambiente y para conservar áreas verdes, entre otros aspectos a abordar.

c.- Conservación y promoción de la cultura: Debido a que la cultura, el idioma y los sistemas de conocimiento de las comunidades originarias de todo el mundo están desapareciendo a un ritmo mayor que el de las especies, entre las cuales está la cultura tibetana, considera un principio de sostenibilidad que abarque tanto culturas, como al ecosistema y al propio desarrollo económico.

d.- Buen gobierno: El buen gobierno se basa en los principios de justicia y equidad entre los diferentes grupos sociales, en la distribución y satisfacción de las necesidades humanas y en un proceso de toma de decisiones que tenga en cuenta al medio ambiente, a las generaciones futuras y a las personas desfavorecidas.

Estos cuatro pilares a su vez agrupan a 9 dimensiones o dominios que la componen (*Ura, Alkire y TshokiZangmo. 2013*), las que están enfocadas en abordar los perfiles de cada individuo para las mediciones del bienestar social, elementos que fomentan los análisis holísticos, ayudando a maximizar el bienestar social y minimizar el sufrimiento a través del balance entre necesidades económicas y necesidades emocionales y espirituales, los que se presentan en la tabla N.º 2.

Tabla N.º 2: dimensiones que componen el índice de FNB.

DIMENSIÓN	DESCRIPCIÓN
Bienestar psicológico	Espiritualidad y satisfacción con la vida
Uso del tiempo	Equilibrio trabajo, ocio y dormir
Vitalidad de la comunidad	Integración entre comunidades, familias y amigos
Diversidad cultural	Diversidad cultural y continuidad de tradiciones como festivales y otras actividades
Resiliencia ecológica	Evaluación de las condiciones medioambientales y los comportamientos "eco-friendly"
Estándares de vida	Ingresos, seguridad financiera y capacidad adquisitiva
Salud	Condiciones físicas y mentales de la población
Educación	Educación formal e informal, conocimientos, valores y habilidades
Buen gobierno	Percepción de la gestión gubernamental y prestación de servicios

Fuente: elaboración propia

Con el fin de medir las nueve dimensiones de la Felicidad Nacional Bruta, en Bután fueron seleccionados 33 indicadores, los que para ser considerados debían cumplir con los siguientes cinco criterios: a) reflejar los valores normativos de la FNB, los que habían sido articulados conforme a los documentos oficiales del Plan Nacional de Desarrollo y las declaraciones del Rey, el Primer Ministro y otros ministros, b) solidez estadística del indicador, c) que reflejaran con precisión la evolución de la felicidad a lo largo del tiempo, facilitando la realización de comparaciones entre regiones y entre diferentes grupos, d) relevancia para dar sustento a la gestión pública y e) los indicadores deben ser comprensibles por los ciudadanos.

El cuestionario que se utiliza para recabar la información que alimenta a los 33 indicadores señalados contiene 248 preguntas, con un número variable de preguntas para cada indicador. La pregunta 191 se refiere a la frecuencia con que los encuestados realizan actividades "Eco – Friendly" (ecoamistosas o ecológicas), entre las que se señalan las siguientes alternativas: reciclaje, reutilización o segregación de la basura, eficiencia energética, conservación del agua y plantar árboles. Luego la pregunta 192 consulta directamente si en los pasados 12 meses la persona encuestada ha plantado árboles, considerando como opciones de respuesta sí o no.

A continuación, en la Tabla N.º 3 se presentan algunos indicadores que se consideran en los nueve dominios en que son desglosados los cuatro pilares que dan estructura a la Felicidad Nacional Bruta, a saber:

Tabla 3: Indicadores por dimensión del índice de FNB

DIMENSIÓN	INDICADORES
Bienestar psicológico	Satisfacción con la Vida, Emociones Positivas, Emociones Negativas, Espiritualidad
Salud	Autoevaluación de la Salud, Días saludables, Discapacidad de Larga Duración, Salud Mental
Uso del Tiempo	Trabajo, Horas de Sueño
Educación	Alfabetización, Escolarización, Conocimientos, Valores
Diversidad Cultural y resiliencia	Habilidades Artesanales, Participación Cultural, Idioma Nativo, Driglam Namzha (Conducta)
Buen Gobierno	Participación Política, Servicios, Acción del Gobierno, Derechos Fundamentales
Vitalidad de la Comunidad	Donaciones, Seguridad, Relaciones con la Comunidad, Familia
Diversidad Ecológica y Resiliencia	Daño de la Fauna, Uso Urbano, Responsabilidad Ambiental, Contaminación

Nivel de Vida	Ingresos *per cápita*, Bienes, Vivienda

Fuente: Buendía (2015)

La pregunta 189, que es parte del contenido del título *Conocimiento y conciencia ambiental* consulta respecto de los temas ambientales importantes para la comunidad en que está inserto el encuestado, para lo que se utiliza la siguiente pregunta: *Cuales de los siguientes aspectos ambientales conciernen a su comunidad*?. La respuesta considera 15 aspectos específicos dentro de los cuales encontramos temas como polución del aire, del agua, ruido, etc., siendo el item 13 la *ausencia/inadecuados espacios verdes*. Los espacios verdes o áreas verdes corresponden a superficies naturales o urbanizadas que han sido transformadas en plazas o parques, donde aún algunos autores que utilizan criterios de mediados del siglo XIX, incorporan en dichas áreas el arbolado lineal presente en el bandejón central de avenidas y aceras.

1.3.2.2. El Reporte Mundial de Felicidad de Naciones Unidas (ONU)

La felicidad y bienestar de las personas ha sido motivo de preocupación de la ONU debido a diversos procesos que se desarrollan en forma paralela, siendo un aspecto central a considerar la constatación de la desvinculación que existe entre los esfuerzos que van en la dirección del desarrollo sustentable en sus dimensiones ambientales, económicas y sociales y otros procesos vinculados al desarrollo de los países. A la situación señalada se suman las intervenciones que ha realizado el Gobierno de Bután en la Asamblea General respecto de la necesidad de medir la Felicidad Nacional Bruta, junto también a los distintos procesos que algunos países y organismos están realizando para que las personas tengan una mayor satisfacción en sus vidas. Al respecto la ONU hace una distinción entre felicidad subjetiva, que guarda relación con las penas y alegrías cotidianas, y felicidad evaluativa, vinculada con las dimensiones de la vida que conducen a la satisfacción general con el lugar que uno ocupa en la sociedad. Se señala al respecto que existe un acuerdo generalizado en el sentido de que en el diseño de políticas debe utilizarse una combinación de conclusiones, basadas en datos tanto subjetivos como evaluativos (Secretaría Ejecutiva ONU. 2013)

En la actualidad es posible verificar empíricamente qué es lo que le importa a los seres humanos y qué deben tener en cuenta los encargados de formular políticas, al tratar de promover el bienestar de las personas y de las sociedades, debido a la creciente disponibilidad de datos de estudios transversales y longitudinales sobre la satisfacción con la vida en muchos países. Las distintas fuentes de datos e información que caracterizan con mayor frecuencia el bienestar, consideran los siguientes parámetros: los ingresos (consumo, riqueza, bienestar material), la salud (mortalidad, morbilidad), la educación (alfabetización, nivel educativo), la participación democrática (elecciones, libertad de expresión) y la experiencia psicológica (depresión, disfrute, etc.). También se consideran como los principales factores externos que contribuyen a la felicidad: los ingresos, el trabajo, la comunidad y la gobernanza, así como los valores y la religión.

En las distintas encuestas que sobre felicidad se realizan se ha puesto de manifiesto que las democracias de ingresos altos que funcionan bien, especialmente las que tienen niveles elevados de igualdad social, confianza y calidad de gobernanza, son a su vez los países más felices del mundo (Secretaría Ejecutiva ONU. 2013)

En este contexto es que la ONU se encuentra desde hace algunos años elaborando un Reporte Mundial de Felicidad, el que tiene por finalidad conocer los niveles de felicidad de las personas para cuantificar el progreso social, de tal forma de lograr la elaboración de políticas que puedan permitir a la gente vivir mejor. Para explicar las diferencias en los niveles de felicidad de las naciones se utiliza un índice compuesto por seis elementos: Producto Interno Bruto (PIB), expectativa de vida sana, relaciones sociales, libertad, generosidad y ausencia de corrupción.

A modo de ejemplo señalar que de acuerdo con los resultados obtenidos en el reporte del año 2020 Finlandia es el país con el nivel de felicidad más alto, mientras que Afganistán, resultó ser el país con el nivel más bajo. Los países en los primeros diez lugares son: Finlandia, Dinamarca, Suiza, Islandia, Noruega, Holanda, Suecia, Nueva Zelanda, Austria y Luxemburgo. Todos estos países tienen valores altos en las seis variables que fomentan el bienestar a nivel país que se señalaron en el párrafo anterior. Es interesante destacar que los países nórdicos se caracterizan por un círculo virtuoso en el que varios indicadores culturales e institucionales clave se alimentan entre sí, a saber: una democracia que funciona, servicios sociales generosos y efectivos, bajos niveles de criminalidad y corrupción, así como ciudadanos satisfechos que se consideran libres, tienen confianza entre ellos y en sus instituciones gubernamentales (Fuentes. 2020)

1.4. La felicidad en la relación con la comunidad

El concepto de felicidad ha evolucionado en el tiempo y no ha tenido una definición única en cada período de la historia, a lo que se suma las diferentes percepciones que las personas tienen en las distintas etapas de su ciclo de vida. Por estos motivos es posible señalar que cada persona podría tener una definición particular respecto de su propia felicidad. Un ejemplo de lo señalado radica en los resultados de una encuesta realizada a la generación del milenio o millennials, que son aquellas personas nacidas entre 1981 y 1993, quienes al ser consultados mediante encuesta respecto de sus metas más importantes en la vida, sobre el 80% respondió que una meta importante para ellos era hacerse ricos. Respecto de la misma pregunta otro 50% de esos mismos adultos jóvenes señaló que otra meta importante era ser famosos (Waldinguer. 2015).

1.4.1. La felicidad y la comunidad cercana

Un estudio que la Universidad de Harvard inició en 1938 ha intentado responder a la pregunta: ¿Qué es lo que nos permite tener una buena vida?. Las personas encuestadas en esta investigación tienen en la actualidad una edad que gira en torno a los 80 años, por lo que se dispone de respuestas sobre la felicidad en las distintas etapas de la vida de estas personas. Uno de los ex directores de este estudio, George Vaillant, psicoanalista y psiquiatra, publicó en el año 2015 el libro titulado "Triumphs of Experience: The Men of the Harvard Grant Study". El actual director del proyecto señalado, el psicólogo Robert Waldinger, se refirió a los resultados de esta investigación en una charla TED realizada el año 2015, en la que destaca los siguientes tres enseñanzas:

a.- Respecto de las relaciones humanas: Una de las conclusiones más importantes de este estudio es que las conexiones sociales nos hacen bien y la soledad mata. "Resulta que las personas con más vínculos sociales con la familia, los amigos, la comunidad, son más felices, más sanos y viven más que las personas que tienen menos vínculos". También se detectó que "las personas que están más aisladas de lo que quisieran de otras personas encuentran que son menos felices, son más susceptibles a recaídas de salud en la mediana edad, sus funciones cerebrales decaen más precipitadamente y viven menos que las personas que no están solas".

b.- La importancia de la calidad de las relaciones más cercanas: El resultado anterior no tiene que ver con la cantidad de amigos que tenemos, tampoco tiene que ver con que estemos en una relación. La lección que nos entregan los datos es que "vivir en medio del conflicto es muy malo para la salud. Los matrimonios muy conflictivos, por ejemplo, sin mucho afecto, resultan ser muy malos para la salud, quizá peores que el divorcio. Y vivir en medio de relaciones buenas y cálidas da protección." El estudio constató que las personas más satisfechas en sus relaciones a los 50 años fueron las más saludables a los 80 años. Entonces, las relaciones cercanas parecen amortiguar algunos de los achaques de envejecer.

c.- Las buenas relaciones protegen el cuerpo y el cerebro. Esta es la tercera gran lección que arrojó la investigación sobre las relaciones y la salud. Al respecto Waldinger señala que "estar en una relación de apego seguro con otra persona a los 80 y tantos da protección. Los recuerdos de las personas que están en relaciones en las que sienten que pueden contar con la otra persona permanecen nítidos más tiempo. Y las personas en relaciones en que sienten que no pueden contar con la otra persona, son personas que pierden antes la memoria".

A modo de corolario Waldinger señala que al igual que los encuestados de la generación del milenio, muchos de los participantes en la investigación que ahora dirige, a los que se ha hecho seguimiento por aproximadamente 80 años, cuando eran adultos jóvenes creían que la fama, la riqueza y lograr grandes cosas era lo que necesitaban para tener una vida buena. Pero con el tiempo, con el paso de los años, "nuestro estudio ha demostrado que les fue mejor a las personas que se inclinaron por las relaciones, con la familia, con los amigos, con la comunidad".

1.4.2. La comunidad local y los árboles

A diferencia del estudio anterior y volviendo a mirar conceptos de la cultura butanesa, es posible señalar que, desde una perspectiva comunitaria, la felicidad plena consiste en la bondad proyectada hacia los demás seres humanos, lo que incide en un incremento de la paz interior y, a su vez, en felicidad de quién se preocupa por el prójimo, lo que se expresa como una habilidad lograda mediante la actuación en conjunto de los siguientes tres elementos: atención plena (mindfulness), paz interior y altruismo (Matthieu. 2005).

El mismo autor señala que para lograr el incremento de la felicidad a través de la preocupación por los demás, el desafío consiste en incorporar en dicho vínculo nuestras virtudes, entendidas estas como una disposición habitual para hacer el bien: "*La buena vida solo puede obtenerse a través de una actividad acorde a un principio noble, lo que permite reforzar el carácter de las personas".* Ya podemos establecer entonces la diferencia que la buena vida tiene con una vida placentera, basada esta última en emociones y sensaciones de corto plazo.

A continuación se presenta una combinación de fortalezas y virtudes que, de acuerdo con Seligman (2014), son comunes a todas las culturas, a saber: a) sabiduría y conocimiento, b) valor, c) amor y humildad, d) justicia, e) templanza y f) espiritualidad y trascendencia. Estas en su conjunto representan la noción de buen carácter. Pero estaríamos equivocados si miramos estas virtudes desde una perspectiva individualista, ya que se expresan cuando estamos en contacto con los demás, es decir, con la comunidad en la cual vivimos.

Para fortalecer la idea respecto del vínculo con el árbol es interesante hacerse las siguientes preguntas: ¿podríamos entregar amor a las personas que nos rodean y dejar que la naturaleza sea explotada de forma inmisericorde? ¿Acaso los seres humanos podríamos vivir tranquilos si los ríos se contaminan? ¿Podríamos ser felices si somos la única especie que habita en las ciudades? Lo más probable es que el concepto de comunidad, esta preocupación preferente por las demás personas, se extienda a las demás especies, abarcando también a los demás seres vivos que están presente en el espacio que habitamos, cualquiera sea la escala que utilicemos para determinarlo.

Quizás sea más difícil proyectar la bondad hacia las demás personas en un ambiente degradado, sin vida, sin la presencia de otras especies más que la humana. De acuerdo a lo señalado más arriba por autores como Corraliza, Kuo, Bacaicoa, Casado y Miyazaki, es importante permitir que los árboles tengan una presencia estable en el tiempo en nuestra vida cotidiana, lo que aportará también a que tengamos una mayor felicidad. Hemos ido escalando en la incorporación de elementos que vinculan al árbol con nuestra felicidad, desde la forma de disfrutar las emociones positivas en un paseo por lugares arbolados, pasando por la forma en que los países logran que sus ciudadanos sean más felices, hasta nuestro análisis actual relacionado con fortalezas y virtudes que permitirán hacer que esa alegría que nos producen los árboles sea cada vez más profunda y duradera.

Dicho de otra forma: las actividades gratificantes nos permiten también vincularnos de una forma virtuosa con todos los elementos que participan en ellas, siendo el caso de los árboles, que tienen un efecto importante en nosotros, siendo un caso especial que nos permite involucrarnos con mayor profundidad. Entonces, los árboles urbanos y toda su biodiversidad asociada en los ecosistemas en que se encuentran insertos, sea cual sea la localidad donde se encuentren, nos gratifican y nos fortalecen en todo sentido, físico y espiritual, contribuyendo a que disfrutemos de la buena vida. Es interesante dejar en claro que este concepto de buena vida equivale a vida feliz y no está relacionado con aquel de similar nombre, el buen vivir, que proviene de conceptos propios de pueblos originarios situados en la vertiente occidental de los Andes.

Las actividades gratificantes, en las que por definición no participan las emociones, nos permiten dar un paso más en esta relación con la naturaleza cercana, esa naturaleza que convive con nosotros en las zonas urbanas, con esos árboles que están por todas partes esperando que nosotros los veamos, los reconozcamos y disfrutemos de su presencia. Invito al lector a tener paciencia, ya que el fundamento de esta reflexión lo encontraremos con mayor fuerza en los capítulos siguientes de este mismo texto.

1.4.3. La felicidad y la comunidad global

Es interesante entonces revisar lo que el budismo señala respecto del tema que nos preocupa, no solo porque es el fundamento del índice de Felicidad Nacional Bruta, sino por la connotación que tiene en el adiestramiento del cerebro y por esa vía en el logro de una mente positiva.

El monje budista Matthieu Ricard (2005) señala en su libro “En defensa de la Felicidad” la siguiente definición: *la felicidad es un estado adquirido de plenitud subyacente en cada instante de la existencia y que perdura a lo largo de las inevitables vicisitudes que la jalonan.* El budismo [(1)] denomina sukha a aquel "estado de felicidad permanente y duradera", siendo "bienestar" el término del mundo occidental que más se le asemeja como sinónimo. Sukha está estrechamente vinculado a la comprensión de la manera en que funciona nuestra mente, "su componente natural es el altruismo y depende de nuestra forma de interpretar el mundo pues, si bien es difícil cambiar este, en cambio es posible transformar la manera de percibirlo".

(1) De acuerdo con Brelich (1979), partiendo de ciertas definiciones de la «religión» (fundamentadas, por ejemplo, en la adoración de seres sobrehumanos), se excluye al budismo de entre las religiones. No obstante, en el Tibet el budismo es considerado una religión ya que está fusionado con las deidades originales de la antigua tradición chamánica y animista denominada Bön, las que fueron transformadas en deidades del Dharma, concepto este último que corresponde a la liberación de la rueda del sufrimiento (Palocz. 2011).

El altruismo que nace de la meditación [(2)], de la eliminación de pensamientos negativos, de la eliminación del egoísmo en nuestra mente, solo puede resultar en un crecimiento de la persona a quien está dirigido y de la persona desde donde surge esta noble preocupación. Al considerar al altruismo como una virtud es posible darnos cuenta de la posibilidad de mirar la felicidad desde una perspectiva comunitaria, sin importar el tamaño de la comunidad de que se trate. "Al entrenar la mente en el amor altruista es eliminado poco a poco el odio, ya que esos dos estados de ánimo se pueden alternar, pero no coexistir en un mismo instante" (Ricard. 2005).

(2) Uno de los puntos fundamentales en los que el budismo hace hincapié es que dos procesos mentales diametralmente opuestos no pueden producirse de manera simultánea. Tendemos a dejar que la mente nos controle y nos conduzca por su egocéntrico camino. Por el contrario, la meditación es el proceso que permite aumentar nuestro control sobre nuestra mente y guiarla en una dirección más virtuosa. Meditar corresponde a una técnica por medio de la cual disminuimos la fuerza de los antiguos hábitos de pensamiento y desarrollamos otros nuevos, ejercicio que nos protege de aquellas actitudes de

pensamiento, palabra o acción que nos provocan el sufrimiento.

Es importante destacar que la mente es modificada mediante la meditación, aunque existen algunos casos en que sin meditación de por medio han resultado en modificaciones similares, como el aumento del tamaño de hipocampo en los taxistas de Londres o los micromomentos de Bárbara Fredickson, dos investigaciones que abordaremos más adelante en este mismo texto. En el caso budista ocurre algo similar con la meditación que implica un entrenamiento reiterado del pensamiento (Ricard. 2004; Espert. 2017).

Permítame el lector referirme a la forma de concebir estos aspectos ya que el significado occidental de meditar es *"pensar atenta y detenidamente sobre algo"* (RAE), significado muy diferente al budista ya que para el Dalai Lama (1999) por meditación se hace referencia *"al proceso mediante el cual transformamos nuestra actitud más instintiva, ese estado mental que solo pretende satisfacer el deseo y evitar el malestar"*. Durante la lectura de este texto nos iremos dando cuenta de la necesidad de revisar las definiciones de los diferentes términos que utilizamos cotidianamente, ya que muchas veces sus significados se han elaborado desde una perspectiva individualista y materialista, entre los cuales está el de felicidad.

Es interesante reflexionar respecto de la forma como actuamos cuando intereses ajenos destruyen nuestro entorno, en la apatía que nos invade que nos impide reaccionar para participar en la protección de las cosas que son de todos, que forman parte del bien común, para de esa forma obtener una mejor relación no solo con lo que nos rodea, por ejemplo los árboles urbanos que son mutilados permanentemente, evitando de esa forma que se expresen en su real magnitud, lo que significa un cambio interno en nuestra forma de pensar y externo en nuestra forma de actuar. Para el budismo la compasión surge de entender que todas las cosas tienen causas y efectos, que nada surge solo o se sustenta en si mismo, de tal forma que lo que le ocurra a una persona va a afectar a otras personas, a animales o a plantas.

Esta compasión que surge de entender que todos formamos parte de lo mismo y que lo que ocurra a una parte del mundo afectará a otros, es un sentimiento universal, muy diferente del concepto de compasión occidental, referido solamente como un *sentimiento de conmiseración y lástima que se tiene hacia quienes sufren penalidades o desgracias* (ver RAE). El Dalai Lama (1999) señala que para fomentar la compasión "lo más importante es que los fieles del camino de la práctica del budismo no sólo deben meditar regularmente, sino que tienen que usar todas las oportunidades para mezclarse con los demás en el mundo y así pulir su capacidad de ayudarlos y a sí mismo."

La persona que practica la meditación budista logra tener un estado de mente distintivo, que le hace posible una práctica que se caracteriza por cuatro inmensurables focos mentales, a saber: amabilidad, compasión, alegría e imparcialidad. Aquí, amabilidad significa ayudar a los demás a obtener una genuina y duradera felicidad llevándolos a la iluminación. La compasión significa trabajar con todos los seres para liberarlos de todo tipo de calamidades, dolor y tribulaciones, y, últimamente, de las causas fundamentales del sufrimiento. La alegría se refiere al gusto sincero de ver a los demás liberados del sufrimiento y con éxito en su auto-realización. La imparcialidad significa considerar a los amigos y enemigos como igualmente importantes y apreciados. (Yen. 1997).

El sentimiento de compasión que nos lleva a experimentar poderosos sentimientos de empatía frente a los sufrimientos de los demás, tiene un símil en el mundo occidental en la obligación cristiana de *amar al prójimo como a si mismo*. Para el Budismo y el Cristianismo la compasión es una acción que consiste en trabajar con los demás para que superen las causas de sus aflicciones. Sin duda la compasión es el centro de la felicidad para el ser humano, cuestión que no ha sido entendida (o no se ha querido entender correctamente) a través de la historia. Para aterrizar esta idea es importante preguntarse respecto del amor al prójimo cuando se contamina el agua que este necesita beber, cuando se talan los bosques al punto de producir erosión, cuando para obtener un beneficio económico se contamina el aire que respiramos, o si se actúa con compasión cuando se emiten gases de efecto invernadero.

Por lo señalado, es necesario volver a revisar el significado de las palabras que utilizamos. A modo de ejemplo señalar que la Real Academia de la Lengua (RAE), en su versión 22.ª del Diccionario de la lengua española, publicada en 2001, señala como primera acepción del significado de felicidad la siguiente: "*Estado del ánimo que se complace en la posesión de un bien*". Luego, en su versión actualizada al año 2020 señala la siguiente definición de felicidad: "*estado de grata satisfacción espiritual y física*". Podemos asociar la primera definición a un enfoque hedonista y consumista de la felicidad. El segundo concepto es más amplio y tiene una mayor relación con los conceptos que, por ejemplo, considera el indicador Felicidad Nacional Bruta.

1.5. Felicidad desde una perspectiva personal

La felicidad entonces tiene que ver con nuestra capacidad para sobrellevar las vicisitudes de la vida, con la forma como administramos nuestras emociones y sentimientos, con la forma como utilizamos nuestras fortalezas y capacidades para superar situaciones adversas. Tiene que ver la felicidad con el esfuerzo permanente que hacemos para entender el mundo desde una perspectiva positiva que permita una mejor calidad de vida o bienestar para nuestros semejantes y para nosotros mismo, entendiendo que el bien que hacemos a los demás seres vivos tiene consecuencias en nosotros mismos.

En esta sección revisaremos lo que la psicología positiva señala respecto de la felicidad, poniendo especial atención en los planteamientos de Bárbara Fredrickson y de Martin Seligman, los que servirán para observar también los resultados de investigaciones de otros autores, además de los textos ya revisados en secciones anteriores.

Para entender mejor la forma como las emociones y sentimientos actúan en nosotros es preciso comprender el funcionamiento del cerebro, pieza fundamental cuya plasticidad nos permite adentrarnos en procesos conscientes que incrementen nuestra felicidad.

1.5.1. El cerebro humano

El origen del cerebro humano se encuentra en el desarrollo evolutivo de los peces que generó un tubo que actuando como centro de control relacionaba a los nervios, y que era sólo una prominencia en la parte superior de la espina dorsal, nervios que con el paso del tiempo se especializaron en módulos y constituyeron el cerebro mecánico del reptil, junto con el cerebelo que regulaba el movimiento. Consideremos que el cerebro reptiliano surgió hace más de 500 millones de años. El cerebro mamífero o límbico aparece hace 250 a 200 millones de años y se formó con el desarrollo de otros módulos: el tálamo, que permite que la vista, el olfato y el oído operen en conjunto, la amígdala y el hipocampo, que generaron un sistema primitivo de memoria, y el hipotálamo, que permitió reaccionar a un espectro de estímulos más amplio (Correa y Muñoz. 2013).

El proceso evolutivo continuó con la creación de la corteza cerebral a partir del desarrollo de una tela de células promovida por los módulos de los sentidos, cuya disposición permitió formar entre ellas muchas conexiones neuronales, aumentando de esta forma el tamaño a medida que evolucionaban las especie. El neocortex, que surge hace 100 millones de años y no se ha modificado en los últimos 100.000 años, se originó gracias a la necesidad de mucho tejido cerebral que era necesario para la activación del lenguaje, logrando que los lóbulos frontales del cerebro se expandieron creando grandes áreas de nueva materia gris, dando lugar a los lóbulos prefrontales que sobresalieron por la parte delantera del cerebro dándole forma al cráneo del hombre moderno (Pizarro. 2011).

A continuación relacionaremos la forma como reacciona nuestro sistema nervioso, específicamente las distintas partes del cerebro, cuando detectamos algún tipo de peligro o situaciones inesperadas.

1.5.2. Las emociones básicas

De acuerdo con Sanfeliciano (2018) y Lepersky (2017), a continuación se describen las seis emociones básicas que son generadas por las reacciones fisiológicas descritas más arriba, a saber:

Sorpresa: ocurre una desaceleración de la frecuencia cardíaca y un aumento del tono muscular y la amplitud respiratoria. Además aparece un tono de voz alto, junto a vocalizaciones espontáneas.

Asco: Aparición de diversos malestares gastrointestinales acompañados de náuseas. Además, observamos un aumento general de la activación; visible a través del aumento de la frecuencia cardíaca y respiratoria, conductancia de la piel y tensión muscular.

Miedo: Elevación rápida de la activación y una preparación para la huida. La actividad cardíaca se dispara y la actividad respiratoria se acelera, produciendo una respiración superficial e irregular.

Alegría: Aumento de la tasa cardíaca y un mayor ritmo respiratorio. Además, en la química cerebral nos encontramos con una mayor liberación de endorfinas y dopamina.

Tristeza: Decaimiento del estado de ánimo y una reducción significativa en su nivel de actividad cognitiva y conductual.

Ira: Aumento excesivo de la activación y una preparación para la acción. Observamos un aumento de la actividad cardíaca, el tono muscular y la amplitud respiratoria. Además, de un aumento significativo de la adrenalina en la sangre, que a su vez aumentará la tensión cognitiva.

Una característica importante de las emociones básicas radica en que se detectan fácilmente debido a que no solo tienen un efecto interno en el cuerpo humano sino que se expresan en acciones concretas, las que llevan a actuar rápidamente de determinada manera (Pérez. 2019).

A modo de ejemplo señalar el mecanismo que desata el miedo (Benavente. 2015), el que se encuentra en el cerebro reptiliano y regula acciones esenciales para la supervivencia, como comer o respirar, y en el sistema límbico que regula las emociones y las funciones de conservación del individuo. La amígdala, incluida en este sistema, revisa continuamente la información recibida a través de los sentidos. Cuando detecta una fuente de peligro, desencadena los sentimientos de miedo y ansiedad. A su vez la amígdala despierta la respuesta del hipotálamo y la pituitaria, que segrega hormona adrenocorticotropa. Casi al mismo tiempo se activa la glándula adrenal, que libera epinefrina, un neutrotransmisor. Ambas sustancias químicas causan la generación de cortisol, una hormona que aumenta la presión sanguínea y el azúcar en sangre y suprime el sistema inmunitario. Se trata de conseguir un subidón en el nivel de energía disponible en caso de tener que reaccionar ante la amenaza.

Los efectos señalados se producen debido a mecanismos que posee nuestro sistema nervioso, los que a su vez y según lo revidado más arriba son el resultado de un proceso de evolución de millones de años.

De acuerdo a lo señalado, podemos decir que en su mayoría las emociones básicas corresponden a reacciones que permiten actuar de forma rápida frente a situaciones que ponen en riesgo la sobrevivencia de los individuos. Los elementos que conforman el ambiente estimulan nuestros sentidos y activan sensaciones en nuestro organismo, produciendo, si fuera el caso, emociones que inciden en nuestro comportamiento. Además de lo ya señalado son numerosos los estudios que aportan información respecto de la forma como nuestro sistema nervioso se activa ante los estímulos del ambiente, generando diversas emociones.

1.5.3. Emociones positivas

A continuación se señalan las diez emociones positivas más comunes identificadas por Fredrickson (1998): el gozo, la gratitud, la serenidad, el interés por el mundo, la esperanza, el orgullo, la diversión, la inspiración, el asombro y el amor. El gozo nos impulsa a ser creativos; el sentirnos interesados nos invita a explorar; la serenidad nos permite disfrutar las circunstancias (Ramírez. 2019; Barragán. 2014).

Hasta antes del trabajo presentado por Fredrickson (1998), se creía que las emociones positivas eran simplemente lo contrario de las negativas, pero esta investigadora demostró que las emociones positivas provocan un efecto excepcional: generan cambios cognitivos muy potentes en el cerebro, nos vuelven más creativos, resilientes. De acuerdo con esta autora "las emociones positivas abren nuestros corazones y nuestra mente, nos hacen más receptivos y más creativos". Afirma también que la positividad nos permite desarrollar nuevas competencias, nuevas relaciones, nuevos conocimientos y nuevos comportamientos. Las emociones positivas provocan cambios en la actividad cognitiva, que a la larga pueden producir cambios conductuales, o lo que ella denomina un "impulso de acción".

Con respecto de las emociones positivas, Fredickson (1998), en su artículo titulado "De que sirven las emociones positivas", propone un nuevo enfoque para analizar las emociones, debido a que "muchas emociones positivas no comparten la característica distintiva que presentan las emociones negativas como promover y apoyar acciones específicas" o tendencias de acción. Representaba una gran dificultad el estudio de las emociones positivas con metodologías que eran utilizadas para investigar los efectos de las emociones negativas, debido principalmente a que estas últimas tienen efectos rápidos que son reconocibles en el ser humano. El nuevo modelo de pensamiento-acción propuesto por Fredickson amplía las posibilidades de incorporar en un mismo cuerpo de estudio al conjunto de las emociones.

Las emociones positivas no generan una respuesta inmediata ante una situación determinada. Lo que ocurre es que producen conocimientos y habilidades que estarán disponibles en el futuro para resolver o enfrentar distintas situaciones.

Existen muchos ejemplos de lo señalado, pero quizás el más evidente corresponde al juego en la infancia en muchas especies animales. Con el juego en la etapa infantil se adquieren habilidades físicas que serán utilizadas en estado adulto, bien para enfrentar a un contrincante o bien para escapar de un depredador. El juego es saludable, las estrategias involucradas en él ayudan a resolver situaciones y la camaradería refuerza los vínculos sociales.

Desde una perspectiva evolutiva se puede señalar que estas exaltaciones del ánimo "multiplicaban los recursos de nuestros ancestros y, por ende, las posibilidades de supervivencia y de reproducción en las situaciones de conflicto". Los sentimientos positivos influyen favorablemente en el agitado aparato cardiovascular (Fredrickson. 2004). Al respecto Castro (2014) señala que probablemente tenga una gran importancia en este efecto las funciones que cumple el nervio vago.

Es interesante abordar en este punto el conjunto de emociones que producen los árboles en los seres humanos, lo que permite destacar que de las 10 emociones positivas principales, por el momento solo la gratitud quedaría fuera de su esfera de acción. Las ocho siguientes emociones principales se relacionan directamente con la presencia de los árboles: alegría, serenidad, interés, orgullo, diversión, inspiración, asombro y amor. En el caso de la esperanza me viene a la mente la siguiente frase:

"Si supiera que el mundo se acaba mañana,
yo, hoy todavía, plantaría un árbol".
Martin Luther King

De una u otra forma todos reaccionamos a los estímulos provenientes desde los árboles urbanos que son percibidos por nuestros sentidos, sea que se trate de temperatura, colores, sonidos o aromas, estímulos que en su conjunto nos hacen la vida más agradable. Este es el punto de partida que adoptaremos para abordar lo gratos que nos sentimos cuando percibimos la presencia cercana de los árboles urbanos. Esta es quizás la expresión más simple de felicidad proveniente de los árboles la que radica en la contemplación que hacen los sentidos de las formas y colores que percibimos del todo y de cada una de las partes del árbol. El cambio de color de las hojas y de la forma del árbol cuando pierde su follaje al llegar el otoño, la floración y el reverdecer del árbol caduco en primavera, fenómenos que tienen un sentido que va más allá de lo contemplativo: nos indican el fin de un ciclo y la renovación permanente de nuestras energías.

Otro ejemplo de la relación del árbol con la esperanza radica en el siguiente poema de Lucila Godoy Alcayaga, Premio Nobel de Literatura de 1945, que señala lo siguiente:

Donde haya un árbol que plantar, plántalo tú.
Donde haya un error que enmendar, enmiéndalo tú.
Donde haya un esfuerzo que todos esquivan, hazlo tú.
Sé tú el que aparta la piedra del camino.
Gabriela Mistral

Como ya hemos visto, una de las características de las emociones básicas radica en su reducida duración, las que producen un efecto al generar una rápida reacción en nuestro organismo, el que luego desaparece lentamente en no más de 60 minutos. Quizás allí radique el interés por los árboles, en la capacidad que los árboles tienen de ir produciendo una emoción positiva tras otra, a través de sus colores, de sus formas, de sus movimientos con el viento, de los cambios que producen, en la biodiversidad que albergan. Estos distintos micromomentos de felicidad que nos señala Fredrickson (2014) se suman y en su conjunto nos hacen más felices. Según esta investigadora "tener más micromomentos de conexión en la vida cotidiana nos cambia, nos cambia para bien. No solo socialmente y psicológicamente, sino físicamente".

Los micromomentos para Fredickson son un saludo amable, un abrazo fraterno, una sonrisa, un gesto amable, una palabra de comprensión, preguntar a la otra persona como está, etc. Esta investigadora señala que todos los micromomentos del día afectan positivamente al nervio vago, por lo que si encontramos formas de incorporar mayor cantidad de micromomentos durante el día mejoraremos su funcionamiento. Para entender mejor lo señalado es preciso señalar que el nervio vago surge de la corteza cerebral y conecta el cerebro con el corazón, produciendo los siguientes efectos: a) ralentiza el corazón acelerado tras un susto y reduce un poco el ritmo cardíaco cada vez que exhalamos. El buen funcionamiento del nervio vago refleja la capacidad del cuerpo para regular la inflamación, la glucosa, el ritmo cardíaco. Además establece la capacidad biológica para conectarse.

Pero Bárbara Fredickson no ha circunscrito sus ejemplos a actitudes humanas con otros seres humanos, ya que uno de estos micromomentos hace referencia al afecto que entregamos, por ejemplo, a nuestras mascotas. También hay un efecto similar en las plantas que reciben estímulos agradables o han sido objeto de bulling. En ambos casos, sea la experiencia de Cleve Backster (Huerta. 1966), sea la de anti bulling lanzada por IKEA (León. 2018) u otra, frente a estímulos positivos las plantas reaccionan creciendo más o siendo más sanas y atractivas, lo que a su vez nos produce felicidad a los seres humanos.

1.5.4. Los sentimientos que despiertan los árboles

La felicidad del ser humano se expresa en distintos niveles de complejidad, como por ejemplo en forma de emociones, de sentimientos, de gratificación entendida como una sensación positiva por haber realizado una actividad que nos agrada, en el disfrute de las situaciones y, finalmente, en la relación con las demás personas y el medio ambiente (Seligman. 2019). La felicidad tiene que ver con la forma como reaccionamos frente a los estímulos provenientes del mundo, obteniéndose un resultado muy distinto si nos dejamos llevar por lo que nos llega desde el exterior a que si utilizamos las fortalezas y virtudes que poseemos para cambiar nuestra reacción a esos estímulos. En el primer caso estaremos a la deriva de nuestros estados de ánimo y en el segundo caso creceremos cada vez que abordemos una situación que nos afecte.

Las emociones se diferencian de los sentimientos no solo en su duración, ya que cuando ocurren se activan sectores diferentes del cerebro. Con las emociones se estimulan sectores del cerebro límbico y con los sentimientos se activan sectores del neocortex. Es decir, los sentimientos son emociones que han pasado por el filtro del pensamiento, que las puedo traer desde la memoria y racionalizarlas (Seligman. 2019).

Al recrear lo que se sintió es posible elegir que tan cierto es aquello que se sintió. Por este motivo en los sentimientos interviene una connotación cultural en el modo como interpretamos nuestras emociones. Si bien las emociones tienen una corta duración, los sentimientos pueden durar días e incluso semanas. De acuerdo con Manzur (2020), una tercera categoría son los *estados de ánimo*, que son sentimientos prolongados en el tiempo, estados emocionales y afectivos, los que dependen de nuestra capacidad de gestionar nuestras emociones.

Entonces podríamos decir que la felicidad no es lo que nos pasa, sino cómo interpretamos lo que nos pasa, siendo más felices cuando somos capaces de llevar nuestro pensamiento hacia actitudes positivas y ahí, justamente, nos está esperando un mundo nuevo y también muy antiguo: el mundo conformado por los árboles que viven en la ciudad, su biodiversidad asociada y en general todos los árboles y su presencia urbana y en la naturaleza.

Los invito a caminar juntos por una calle arbolada, a experimentar esas sensaciones y emociones que nos produce la presencia arbórea, a un paseo por un parque o una visita a la plaza más cercana. Esta vez pensemos en los miles de micromomentos que se pueden disfrutar con la compañía de alguien que nos ayude a dirigir la mirada, en cómo podemos hacer más duraderas esas emociones positivas que nos producen tanto agrado, que agregaron gotas de felicidad en cada momento de nuestro recorrido por una calle arbolada.

Lograr el resultado señalado pudiera ser un poco más complicado de lo que parece, debido a que existe un rasgo genético que determina el buen humor o afectividad positiva en las personas (Seligman, 2014). Digamos que dicho rasgo genético se distribuye en una gradiente en cuyos extremos están, de una parte las personas con una dosis elevada de afectividad positiva que se sienten "de maravilla" la mayor parte del tiempo y en el otro extremo una cantidad similar de personas con escasa dosis de afectividad positiva. Pero dejemos que ese rasgo genético participe en nuestra caminata junto a los árboles, que disfrute, que sienta también el agrado de sentir a esos otros seres vivos que habitan con nosotros la ciudad.

Para lograr un efecto de más larga duración podríamos construir un *portafolio de recuerdos arbóreos* que son, por supuesto, todos positivos, el que nos ayudará a evocar dichos momentos agradables, puede ser un archivo en nuestro computador o teléfono de las fotografías que tomemos, guardar una hoja o varias hojas, mirar con detención el tejido que forma la corteza del árbol, avanzar en el camino y mirar el árbol desde lejos, al utilizar tu celular para incluir en una app la fotografía de una hoja del árbol pudiendo conocer más detalle de esa especie, a saber: de que región del mundo proviene, sus características principales, usos más comunes, etc. Luego en casa podremos repasar esos momentos, quizás hacer un dibujo, compartir ese material en redes sociales y ver cuáles son las reacciones que se generan, entre tantas formas de prolongar el disfrute de aquellos momentos que disfrutamos y situamos en nuestra librería de momentos felices.

Todo lo señalado se debe a que estamos seguros de que las emociones positivas pueden mejorar nuestro día, pero depende de nosotros el que queramos disfrutar de esa naturaleza cercana, de esos seres vivos que son los árboles, convirtiendo esas emociones en hermosos sentimientos.

Es interesante considerar algunas características de nuestro cuerpo que nos ayudarán en este proceso. La primera de ellas es la plasticidad de nuestro cerebro, es decir, su capacidad de cambiar de acuerdo a la presencia de distintos estímulos. En este sentido se puede mencionar el experimento que realizó Eleonor Maguire con postulantes a taxistas en Londres, a quienes dividió en tres grupos de estudio: los que lo intentaron y lo consiguieron, los que lo intentaron pero no lo consiguieron y un grupo de control de sujetos que no lo habían intentado. El experimento consistió en tomar imágenes del hipocampo con resonancia magnética durante el tiempo de preparación de los exámenes. El resultado directo de esta investigación fue que no hubo diferencias al principio del aprendizaje pero, tras 4 años, los aspirantes que habían superado la prueba tenían un hipocampo posterior significativamente más grande (Gómez. 2014). Consideremos que todos los postulantes a taxistas eran personas mayores de edad, por lo que es posible deducir que la plasticidad del cerebro se conserva en edad adulta.

A continuación pensemos en los micromomentos de conexión con la vida que nos propone Bárbara Fredickson cuando señala que incrementarlos significaría un resultado benéfico para nuestra salud, y allí están los árboles urbanos esperando para comenzar una nueva aventura que creará en ti, estimado lector, nuevas fortalezas y capacidades.

Esta investigadora señala también que los científicos han estimado que en promedio, considerando todos los sistemas corporales de nuestro cuerpo, las personas reemplazan el 1% de sus células al día. Esto significa que si nos esforzamos por tener una cantidad cada vez mayor de micromomentos y sentimientos de felicidad, estas nuevas células nacerán en un ambiente cada vez más grato, lo que haría muy bien a nuestra salud. A los dos aspectos señalados se podría deber el que los seres humanos nos demoramos aproximadamente tres meses en adquirir un nuevo hábito o hacer un cambio en nuestro estilo de vida (Fredrickson. 2019).

Quizás sea necesario tener una cierta disciplina para lograr resultado en la construcción de micromomentos positivos en la relación con los árboles, ya que según lo analizado, la creación de una nueva costumbre se demora un tiempo en aparecer, tiempo que vale la pena invertir para lograr un resultado que nos anime a ser más felices. De forma complementaria a lo señalado por Bárbara Fredrickson, encontramos los resultados a los que la siguiente investigación ha arribado.

Una investigación realizada por Lutz et al. (2008) que utilizó sonidos emocionales y neutros durante la meditación, concluyó que los meditadores medianamente experimentados mostraron mayor actividad en áreas relacionadas con la atención en comparación a los meditadores novicios, pero los meditadores con aún más tiempo de práctica mostraron menor activación que aquellos de menor experiencia de práctica. El autor infiere que al parecer los meditadores muy avanzados han adquirido un nivel de habilidad que les permitía alcanzar un estado de concentración mental con menos esfuerzo.

Al respecto Mathieu Ricard señala que esta observación concuerda con otros estudios que muestran que cuando alguien ha dominado una tarea, las estructuras cerebrales que se utilizan durante la ejecución de esa tarea están generalmente menos activas que cuando el cerebro aún estaba en fase de aprendizaje (Brito. 2018).

Respecto del entrenamiento del cerebro, dado que situaciones complejas se simplifican mucho a través del entrenamiento y el cultivo de la conciencia sin esfuerzo, Wolf Singer indica que "aquello se parece a una estrategia general que el cerebro aplica al adquirir nuevas habilidades, donde, al inicio, uno utiliza el control consciente para realizar una tarea. La tarea luego se divide en una serie de subtareas que se realizan de forma secuencial. Esto requiere atención, esfuerzo y toma tiempo. Después, con práctica, la tarea se automatiza".

Usualmente, la ejecución de un comportamiento que requiere una habilidad se lleva a cabo por estructuras cerebrales diferentes a las que se utilizaron en el momento de aprenderlo. Una vez que este cambio ocurre, el desempeño se vuelve automático, rápido, sin esfuerzo y ya no requiere de control cognitivo. Este tipo de aprendizaje se llama aprendizaje procedural y requiere de práctica. Este tipo de habilidades automatizadas te pueden salvar en situaciones difíciles porque puedes acceder a ellas rápidamente (Brito. 2018).

1.5.5. Los árboles nos gratifican

Continuemos nuestro paseo por calles arboladas, conscientes de las sensaciones que estamos percibiendo, buscando en esos seres vivos que habitan al costado de las veredas por las que transitamos los detalles que más nos impresionan, que nos producen esas sensaciones vivas, generando un encuentro entre especies tan diferentes. Hasta aquí hemos revisado las conductas que nos producen emociones, sea en su presencia directa (cruda), sea que se revisaran racionalmente o que se convirtieran en costumbre y se prolongue su efecto por un largo tiempo convirtiéndose en un estado de ánimo, todo vinculado a un caso especial de estímulo del ambiente donde las personas perciben sensaciones positivas, las que en nuestro caso provienen de los árboles.

Analizaremos ahora otra forma de disfrutar de los árboles, la que no está relacionada a las emociones ni a placer alguno, sino a nuestras habilidades y fortalezas. Como ya hemos visto, las emociones producen sensaciones crudas, como por ejemplo: regocijo, euforia, éxtasis, las que son efímeras e implican muy poco o nulo pensamiento. Muy por el contrario, las gratificaciones son actividades que nos gusta mucho realizar pero que no van acompañadas necesariamente de una sensación cruda, entre las que podemos mencionar una gran conversación, escalar montañas, leer un buen libro, bailar, jugar ajedrez, etc. (Seligman. 2014). Todas ellas tienen en común que en su realización se ponen en juego nuestras habilidades y fortalezas.

Las gratificaciones se caracterizan también porque involucran más pensamientos e interpretaciones que, por ejemplo, los sentimientos. Al inicio no se convierten fácilmente en hábitos y al experimentarlas refuerzan nuestras fortalezas y habilidades.

Por lo tanto realizar actividades gratificantes se transforma en una inversión de tiempo que nos prepara para enfrentar situaciones críticas.

Disfrutar de los árboles en la ciudad será una experiencia gratificante si al poner nuestro interés en ello utilizamos nuestras fortalezas (integridad, valor, amabilidad, persistencia, humor, inteligencia, bondad, etc.) y habilidades (creatividad, flexibilidad, confianza, etc.), puestas en acción en actividades que absorberán nuestra atención de forma similar a lo que ocurre cuando leemos un buen libro.

A continuación se señalan los ocho componentes de la gratificación: la actividad representa un reto y exige habilidad, concentración, objetivos claros, respuesta inmediata, implicancia profunda y sin esfuerzo, existen sensaciones de control, el tiempo se detiene y el sentido del yo se desvanece (Seligman. 2014; Moneta y Csikszentmihalyi (1996. Cit. Cuadra-Peralta et Al. 2010). El diseño de actividades gratificantes con árboles exige una clara identificación de las fortalezas y habilidades que se pondrán en práctica al realizarlas, considerando el nivel de complejidad, tiempo de duración y otros aspectos que deseemos incorporar, junto con diversos conocimientos específicos respecto de los árboles que pueden ser aportados de forma previa o durante la experiencia.

Un paseo por una calle arbolada realizado con una planificación previa permitirá a los participantes poner en práctica ciertas fortalezas y habilidades, lo que posibilita la obtención de un feed back positivo desde los árboles hacia nosotros. De acuerdo a lo ya revisado en este texto sabemos que los árboles nos afectan positivamente, nos producen alegría, buen ánimo, reducen nuestro estrés, mejoran nuestra salud, entre otros aspectos. Por este motivo mejorará nuestro humor al estar en contacto con ellos, efecto que podremos utilizar para obtener ciertos resultados, los que se verán logrados cuando encontremos la forma de prolongar nuestro vínculo con los árboles. Mencionamos anteriormente la fotografía, una colección de hojas, buscar mayor conocimiento respecto de las especies con la que nos vinculamos, etc. De hecho, muchos de los resultados señalados los podemos lograr al caminar con personas que posean cierta formación y que puedan entregarnos diversos conocimientos mientras dure la actividad y también con posteridad a ella.

Sabremos que estamos en una actividad gratificante cuando al realizarla perdemos la noción del tiempo, cuando nos sentimos totalmente involucrados en lo que estamos haciendo, cuando un paseo por los árboles nos transporta desde la habitualidad a un estado distinto de alegría y satisfacción, entonces, inclusive, podríamos entrar en flujo, considerando que las personas tienen mayor propensión a la fluidez en sus experiencias, cuando se han acostumbrado a realizar actividades en las que ponen en juego sus fortalezas y habilidades. Esta última consideración, el estado de flujo, permitirá que tengamos un mejor resultado de una actividad con árboles que tenga algún nivel de planificación, y se conseguirá con el tiempo.

1.5.6. Disfrutar el momento presente

Como resultado de lo analizado hasta aquí, ya no caminamos por la ciudad con la mirada neutra, muy por el contrario, nuestra mirada busca el verdor y lo disfrutamos, busca las formas de las ramas que nos animan y dan energía, los diseños de las cortezas, conecta con los conocimientos que de los árboles hemos ido adquiriendo como sus biomas de origen, las especies asociadas, la alegría que nos contagia y los problemas que los aquejan. Somos conscientes de lo que ocurre con esos otros seres vivos con quienes habitamos la ciudad. Los detalles ya no son ajenos y sentimos que se contagia en nosotros esa alegría que al parecer ya no queremos olvidar. ¿Pero a que se debe esa suerte de amnesia, ese olvido que nos invade sutilmente y desdibuja nuestra reciente felicidad? A continuación revisaremos tres aspectos del funcionamiento de nuestro cerebro que de forma directa impiden que disfrutemos de nuestra felicidad.

1.- El primero de ellos tiene que ver con la forma como funciona, debido a que las neuronas están preparadas para responder a estímulos nuevos y no para activarse frente a situaciones que no aportan información novedosa. Advertimos la información nueva y omitimos lo que no es.

2.- El segundo aspecto tiene que ver con la cantidad de información que nos llega a cada momento, lo que genera una preocupación por el futuro y nos lleva a perder las amplias posibilidades del presente.

3.- En tercer lugar se encuentra el que nuestros pensamientos en gran parte están dominados por nuestro inconsciente, lo que dificulta que nuestra mente consciente disfrute de lo que ocurre en el presente, pudiendo estar en un determinado lugar o situación con nuestra mente llena de pensamientos que provienen de nuestros instintos (ansiedad, celos, depresión, fobias) que dominan el inconsciente, obstaculizando de esta forma que tengamos una presencia presente.

Otro aspecto que es importante de considerar radica en la dificultad de apreciar la naturaleza y en especial a los árboles en las urbes (Mayoral. 2019), lo que está determinado por la forma como nuestro cerebro ordena la información relacionada con los seres vivos, es decir: la visión zoocéntrica y en particular antropocéntrica. Pensemos que los depredadores siempre estuvieron escondidos detrás de la vegetación, por lo que nuestra percepción buscaba identificar el peligro y no aquello que era estático e inofensivo. Lo señalado genera una cierta incapacidad de ver o notar las plantas en el propio entorno, la incapacidad de reconocer la importancia de las plantas en el medio ambiente y las características únicas de las plantas y la tendencia a clasificar las plantas como inferiores a los animales. Este fenómeno fue denominado "ceguera vegetal" o "ceguera de las plantas" y fue acuñado por los botánicos James H. Wandersee y Elisabeth Schussler en 1999.

Para disfrutar aún más de nuestros *paseos arbóreos* podemos utilizar de alguna forma las tres estrategias que se señalan a continuación: a) espaciar las gratificaciones y también el placer. Es una forma de engañar a nuestro inconsciente, de tal forma que la información que recibe siempre le parezca novedosa, b) poner atención consciente y deliberada ante la experiencia del placer, espaciando los momentos de pequeñas alegrías (micro-momentos), lo que Seligman (2014) denomina "saboreo" y c) la cantidad de felicidad transitoria también se incrementa cuando desplazamos la actividad del inconsciente por medio de una atención consciente de la experiencia que ocurre en el presente. Este efecto lo logramos de forma mucho más fácil en un estado mental lento que cuando estás inmerso en una actividad o acontecimiento que te encuentra con prisa. Este estado mental lento se produce cuando combinamos meditación oriental con atención consciente (mindfulness).

El ayer es historia,
el mañana es un misterio,
el hoy es un regalo,
por eso se llama presente.
Eleanor Roosevelt

Entonces, espaciar las gratificaciones, espaciar los momentos de alegría o micromomentos y desplazar la actividad inconsciente mediante un estado mental lento, son técnicas que están a nuestra disposición para prolongar en el tiempo nuestros estados emocionales positivos. Consideremos que los árboles y la naturaleza en general siempre han estado ahí esperando nuestro re-conocimiento, como veremos más adelante: nuestro reencuentro.

No se ha encontrado referencias directas ni indirectas respecto de emociones negativas producidas por los árboles, solo producen sensaciones y emociones positivas. De hecho, se ha descrito en párrafos de más arriba los efectos que la presencia de los árboles producen en las personas. Al parecer los árboles producen optimismo en el ser humano, pero se hace necesario entonces revisar más en profundidad las emociones positivas.

Antes de pasar al siguiente capítulo señalar que un cambio

de enfoque de las personas para con los árboles urbanos, no representa solo una oportunidad para que los seres humanos seamos más felices, yendo de un estado de menor felicidad al inicio transitando hacia estados de cada vez mayor felicidad, sino que una verdadera preocupación por los árboles urbanos, una eliminación en nuestra mente de la "ceguera de las plantas", corresponde a un importante indicador respecto del cuidado del medio ambiente que tanto necesitamos y anhelamos. Significa ir más allá de recoger la basura que generamos como lo señala el reciclaje en cualquiera de sus formas, es un síntoma que es más potente que cuidar la energía eléctrica, se trata de acoger de verdad la vida, a otras formas de vida, de entender de otra forma nuestro ambiente y al medio ambiente.

1.6.- Las teorías respecto del efecto de los árboles en las personas

Hasta aquí hemos desarrollado en extenso el efecto que tienen los árboles en las personas y las distintas formas en que es posible lograr que esos efectos contribuyan a su felicidad, partiendo por aquellos más simples a los más complejos. Pero es evidente que aún no se ha respondido la pregunta de fondo, a saber: ¿por qué los árboles tienen ese efecto tan potente sobre los seres humanos?

Al revisar nuevamente los beneficios sociales que aportan los árboles urbanos encontramos que un estudio realizado por Chenoweth y Goster en 1990 indica que estos proveen experiencias emocionales y espirituales significativas que son extremadamente importantes en la vida de la gente y pueden conducir a un fuerte arraigo a lugares particulares y a los árboles, entre las que se encuentran una mayor identidad de la comunidad y la creación de vínculos sociales entre los residentes de un determinado lugar (Priego. 2002).

A partir de los diversos estudios que han tenido por finalidad identificar de alguna forma los efectos que los árboles, y especialmente los árboles en la ciudad, generan en las personas, se han desarrollado tres teorías que vinculan el efecto de los árboles en las personas, las que se presentan a continuación. Para intentar explicar los efectos detectados se formula una cuarta teoría, de carácter más general, que recoge los elementos necesarios que permiten conciliar en un solo marco conceptual los resultados del conjunto de investigaciones analizadas.

1.6.1. Teorías respecto del efecto de los árboles en las personas

Existen tres teorías que han enmarcado los estudios respecto de los efectos benéficos que causan distintos ambientes arbolados o ambientes naturales sobre las personas, a saber: a) la Teoría de la Restauración de la Atención o Teoría de Kaplan y Kaplan, b) Teoría de la Actitud Ambiental y c) la Teoría Psicoevolutiva o Teoría de Ulrich, a saber:

a. **La teoría de Kaplan y Kaplan** está dirigida especialmente hacia la atención (Kaplan, 1995; Berman. 2012), donde encontramos dos tipos: "Atención involuntaria" y "Atención dirigida". La atención involuntaria se presenta cuando algo nos parece interesante o excitante en el ambiente y volcamos nuestra atención hacia ese estímulo de manera automática. Lo que no requiere de ningún esfuerzo. La atención dirigida sí requiere de esfuerzo, lo que permite a la persona enfocar toda su atención en algo específico, participando así de procesos mentales superiores.

La naturaleza cercana, aunque sea vista desde la ventana de una oficina, puede proporcionar beneficios psicológicos sustanciales, afectando la satisfacción del trabajo y el bienestar (Kaplan, 1995; Rivero y Schulmeyer. 2018; Sanchez-Miranda. 2016). Anteriormente revisamos la investigación realizada por Kuo y Sullivan (1999) que se refiere a rangos de violencia doméstica señalando que estos son menores en casas con áreas de más arbolado que en idénticas casas con pocos o ningún árbol.

b. **El estudio de la Actitud Ambiental** ha sido uno de los temas claves para entender la conducta proambiental. Ha sido definida como la percepción y/o creencias organizadas que se tienen hacia los entornos naturales y urbanos. Además, permite realizar una valoración positiva o negativa, tomar decisiones y actuar. Así esta definición involucra tres componentes: cognitivo, conductual y afectivo (Cortés et al. 2017).

Con relación a la Actitud Ambiental, uno de los resultados que señala la investigación realizada por Sánchez-Miranda (2016), apunta a que las personas identifican con emociones positivas la incorporación de elementos naturales en espacios urbanos.

c. La Teoría Psicoevolutiva elaborada por Ulrich se deriva de la reducción del estrés y no de la reposición de la atención dirigida fatigada, abarcando una amplia gama de emociones y las respuestas de la activación fisiológica a los ambientes naturales y su contenido, incluyendo la recuperación o restauración del estrés. Para este investigador la restauración del estrés no está limitada a la recuperación de una excesiva activación psicológica y fisiológica, sino que incluye también la recarga de la energía consumida en las reacciones en momentos de estrés (Rivero y Schulmeyer. 2018; Ulrich. 1991).

El fundamento de la Teoría Psicoevolutiva radica en que los pacientes de un hospital con vistas a árboles desde las ventanas de sus habitaciones, se recuperan significativamente más rápido y con pocas complicaciones que los pacientes sin esas vistas de árboles (Ulrich, 1984). Otro estudio realizado por Nejati et al. (2016) observó que el mismo efecto se repetía incluso con enfermeras, que estaban en contacto con ambientes decorados con plantas y escenarios naturales durante sus momentos de descanso.

De acuerdo a lo analizado, estas tres teorías que apuntan al efecto restaurador de la atención, la valoración de la naturaleza y su incorporación en la ciudad, junto con la reducción del estrés, disminución que es el resultado de la presencia de la naturaleza en las personas y en especial su componente principal que son los árboles, tienen un sólido respaldo en investigaciones que se han realizado en su mayor parte en ambientes urbanos, involucrando a estudiantes universitarios, enfermos en hospitales, enfermeras en su tiempo de descanso, personas que viven en lugares con y sin vegetación, etc.

En párrafos anteriores abordamos el efecto que tienen los árboles en nosotros, los seres humanos: recuperamos nuestras energías, disminuye el estrés, somos más felices en su presencia, aumenta nuestra vitalidad y si estamos enfermos reduce el tiempo de recuperación, secretamos neurotransmisores y hormonas benéficas solo porque el árbol está allí presente frente a nosotros. Pero queda por responder una duda que está reflejada en la siguiente pregunta: ¿Por qué la naturaleza y en especial los árboles producen tales efectos en los seres humanos?

A continuación intentaremos dar una respuesta a esa incógnita.

1.6.2.- Teoría del Ensamble Evolutivo

En el intento señalado se argumentará con la finalidad de que entendamos el por qué los árboles restauran nuestra capacidad de atención, por qué las personas identifican con emociones positivas los elementos naturales que se incorporan en espacios urbanos y por qué los ambientes naturales disminuyen el estrés y son capaces de activar en nosotros ciertos procesos fisiológicos.

Esta Teoría del Ensamble Evolutivo se fundamenta en una serie de características que poseemos los seres humanos, la especie Homo sapiens, las que son producto de un largo período de vida arborícola, el que comenzó cuando los primeros mamíferos placentarios pudieron subir a los árboles durante el día. Haremos entonces un viaje hacia atrás en el tiempo hasta el momento en que ocurrió el cataclismo que hace 66 millones de años causó la extinción de los dinosaurios, reptiles depredadores cuya presencia impedía toda actividad diurna a los mamíferos que en ese entonces existían.

Consideremos que el orden de los primates surge hace 60 millones de años AP., debido a que la extinción de los dinosaurios, permitió que pequeños mamíferos que permanecían ocultos durante el día subieran a los árboles en busca de alimento y, con el paso del tiempo, se quedaran a vivir en ellos protegidos por su follaje y estructura. Estos primeros mamíferos placentarios que subieron a los árboles y los adoptaron como residencia, denominados plesiadapiformes, representan los ancestros directos de todos los primates que existen en la actualidad, entre los que nos encontramos.

En consecuencia, los seres humanos somos el producto de un largo proceso evolutivo que formó el linaje de los primates, el que generó cambios adaptativos que nos han permitido llegar a lo que somos en la actualidad.

Pensemos que el tamaño del cerebro de los primeros mamíferos que subieron a los árboles era del tamaño de una nuez, me refiero a las especies extintas del género Purgatorius o de Ignacius (Ignacius graybullianus), ambos con cuerpos muy pequeños, pero con la siguiente cualidad: la relación de tamaño de sus cuerpos y cerebros era muy superior a la misma relación que presentaban los dinosaurios, sus depredadores. Consideremos que cuando hace tan solo 6 millones de años aproximadamente nuestros antecesores bajaron de los árboles, como por ejemplo Orrorin (Orrorin tugenensis), que ya practicaba el bipedismo, su cerebro era del porte de una naranja.

Recordemos que el neocortex surge hace 100 millones de años y se originó gracias a la necesidad de disponer de mucho tejido cerebral que era necesario para la activación del lenguaje, por lo que los lóbulos frontales del cerebro se expandieron creando grandes áreas de nueva materia gris (Pizarro. 2011). Lo señalado indica que los primeros mamíferos que subieron a los árboles y se quedaron a vivir en ellos tenían un cerebro completo, lo que les permitió evolucionar y desarrollarse.

Pero volvamos a Purgatorius e Ignacius: ambas especies eran del tamaño de un roedor pequeño, parecidos a ardillas, de entre 10 y 20 centímetros de longitud y su cabeza de menos de 4 cm. de longitud, correspondientes en total a un tercio del tamaño de los primates más pequeños que existen en la actualidad. En su etapa terrestre se guiaban principalmente por el olfato y luego de subir a los árboles fueron disminuyendo sus glándulas olfativas y potenciaron la utilización de su visión para detectar lo que ocurría en su ambiente.

El saltar de rama en rama o braquiación, ocurrió en una etapa posterior siendo necesario tener primero la capacidad de analizar información visual en tres dimensiones, donde equivocarse en la distancia y resistencia de la rama siguiente podía costarles la vida. Disponer de una visión estereoscópica demandó una mayor capacidad de procesamiento a su cerebro, lo que significó nuevamente un mayor desarrollo del neocortex.

Consideremos también que cuando Purgatorius e Ignacius subieron por primera vez a los árboles, además de poseer poderosas glándulas olfativas que les permitían buscar alimento en la oscuridad de la noche, tenían un hocico alargado, los ojos a los costados de la cara para ver a quienes los perseguían, cuatro patas planas con fuertes uñas y una larga cola para equilibrarse al correr en velocidad. Pues bien, ninguna de esas características les serviría posteriormente para trepar y vivir en los árboles, de tal forma que la selección natural fue favoreciendo a los que con el tiempo presentaban mejores características para la vida arborícola. De esta forma el árbol se convirtió en el hogar de los plesiadapiformes, haciéndose innecesario muchas veces tener que volver a caminar por la superficie del suelo.

Pero no se trata de cualquier árbol, sino de árboles de amplio follaje que por si solos o en conjunto con otros árboles ofrecieran múltiples posibilidades de escape de los depredadores, una cantidad suficiente de alimentos (frutas, semillas, brotes, hojas, larvas, insectos, etc) y una estructura lo suficiente fuerte que hiciera difícil a los depredadores subir por sus troncos.

Son numerosas las especies que producto de su propio proceso evolutivo han sufrido modificaciones en sus cuerpos, de hecho y muy atrás en el tiempo, los peces que comenzaron a salir del agua fortalecieron sus aletas las que finalmente se transformaron en las patas de los reptiles; las aves que según los alimentos disponibles han transformado sus picos (Biointeractive. 2017), etc. De la misma forma los primates evolucionaron adaptando su cuerpo a la forma que ofrecían los árboles, creando una serie de adaptaciones que corresponden perfectamente a la forma de las ramas, a la identificación de depredadores ocultos en el follaje, a la capacidad de identificar distancias cortas con precisión y posición de un objeto, entre otras adaptaciones.

Entre las características evolutivas que de su época arborícola presenta el cuerpo humano, se encuentran también el dedo pulgar opuesto a los demás dedos de la mano, la capacidad de los ojos humanos para ver hasta 12 tonos de verde, la visión binocular, los ojos situados en la parte frontal de la cara o "hipótesis de locomoción arbórea", la "hipótesis de la depredación visual" (Goldman. 2014), el reflejo de grasping en los bebés capaces de asirse con las manos y levantar su propio peso, el reflejo de prensión plantar o reflejo de Babinsky, la musculatura y fuertes tendones creados por la braquiación que permitieron la bipedación al sostener el tren superior del cuerpo humano, entre otras muchas adaptaciones más. Lo mismo ocurre con nuestro aparato digestivo el que por su extensión pertenece al de un animal herbívoro.

Efectivamente, el aparato digestivo de los primates era el de animales herbívoros, por lo que tiene una longitud que excede la dimensión del aparato digestivo de un carnívoro, con incluso un órgano especializado en la digestión de tejidos vegetales gruesos y corteza como es el apéndice. La evolución adaptó el diseño de los primates a la alimentación basada en una dieta rica en hidratos de carbono, la mayor parte de ellos provenientes de frutos, hojas, brotes, flores y raíces. El complemento necesario de proteínas y de grasa lo obtendrían mediante la ingestión de insectos, reptiles, huevos y algunos pequeños mamíferos. Los primates no necesitaban acumular excesivas reservas de grasa puesto que la disponibilidad de comida era constante, y el alimento, siempre accesible. Las proteínas, esencialmente de origen vegetal, las obtenía de plantas dicotiledóneas de altura, por lo cual las gramíneas (monocotiledóneas) no eran parte de su dieta (González. 2012; Valenzuela, 2007). De forma complementaria, el ejercicio mediante braquiación bajaba el apetito pues activa la hormona somatotropina, propiciando la quema de grasas y rejuvenecimiento de células y tejidos (Behncke. 2004).

Los primeros mamíferos que subieron a los árboles para vivir en ellos tenían los ojos en los costados de la cara, diseño muy eficiente para detectar a los depredadores cuando vas huyendo, los que para visualizar de mejor forma las ramas de los árboles fueron migrando hacia el frente de la cara, proceso que demoró 20 millones de años. El resultado de esta modificación anatómica es que obtenemos la mayor parte de la información de nuestro entorno mediante la visión, siendo este el sentido dominante para el ser humano.

La afirmación anterior se fundamenta en que el 80% de toda la información que recibe el cerebro humano desde su organismo corresponde a la visión, la que tiene una significativa base anatómico-fisiológica: el 70% de los receptores de todo nuestro organismo son fotorreceptores y casi un 30% de las vías nerviosas aferentes que proyectan al sistema nervioso central están constituidas por fibras procedentes de los nervios ópticos (Riera. 2016).

Nuestros ojos fueron cambiando también en el número de receptores y el tipo de receptores que poseen, hasta llegar a distinguir con claridad los colores rojo, azul y verde, incluidos 12 tonos de este último color, lo que posibilitó que reconociéramos frutos maduros, la diferencia entre el follaje y el cielo, los brotes tiernos. (Rodríguez. 2015).

Otro de los efectos que se produjo en el funcionamiento de nuestro cerebro, durante los últimos diez millones de años o más, radica en que reconocemos la palabra escrita al utilizar una región del cerebro que evolucionó con el paso del tiempo y cuya especialidad ha sido la identificación visual de objetos. Investigaciones realizadas en el cerebro de monos señalan que estos contienen un mosaico de neuronas dedicadas a fragmentos de formas. En conjunto estas formas primitivas constituyen algo así como un "alfabeto neuronal" cuyas combinaciones pueden describir cualquier forma compleja. Esto significa que no inventamos la mayoría de las formas de nuestras letras: estuvieron latentes en nuestro cerebro por millones de años y simplemente fueron redescubiertas cuando nuestra especie inventó la escritura y el alfabeto (Dehaene. 2014).

Dicho de otra forma: nuestro cerebro se especializó en reconocer al árbol, no solo su estructura macro conformada por tronco, ramas y follaje, sino la forma de anclarse en el tronco que tienen las ramas y los distintos tipos dc ramillas y hojas, las características de las ramas según su grosor, entre otros aspectos posibles de mencionar.

En esta misma línea de ideas, señalar que otros de los cambios producidos en el cerebro, consiste en la capacidad que este tiene de improvisar cuando leemos. Esto ocurre porque al leer el cerebro toma circuitos neuronales de distintas regiones, como aquellas dedicadas al habla, la coordinación motora y la visión, la memoria y las entrelaza para poder leer. Luego combina las palabras que ve, el sonido de esa palabra y los recuerdos que de ella posee para el reconocimiento y la clasificación de objetos: esto es un árbol, esto es un arbusto, esto es una casa. Y tal como aprendemos a reconocer de cada cosa sus distintas características, reconocemos cada letra por su configuración particular de líneas, curvas y espacios vacíos (Muro. 2018).

El mismo autor señala que al leer construimos representaciones mentales que anclan su significado en la estructura textual. Aunque mucho queda por descubrir de la naturaleza exacta de estas representaciones, podemos sospechar que se trata de mapas mentales, de redes neuronales, análogas a las que hacemos cuando paseamos por montañas y senderos o hacemos algún recorrido. O cuando construimos en nuestra mente todas las partes de una red tridimensional, por ejemplo: un árbol. Nuestro cerebro puede descifrar el paisaje que forman ante nuestros ojos las letras y palabras, quizás porque durante millones de años se acostumbró a ver con exactitud los ángulos y formas que el árbol y sus ramas presentan, donde equivocarse en esa apreciación de grosor, ángulo, bifurcaciones, etc, como ya hemos mencionado, podía significar una severa caída o la muerte.

El lenguaje fue para el hombre primitivo una herramienta que le permitió cazar en conjunto, comprender instrucciones muy básicas al principio, pero que fueron la base de sus capacidades de socialización. Su origen está también en los diversos sonidos que sus antepasados arbóreos eran capaces de emitir para avisar de algún peligro u otra situación.

Además de todo lo señalado, el follaje de los árboles que nos protegió de los depredadores, del sol y de la lluvia, también permitió a nuestros antepasados vivir en grupos y protegerse unos a otros, creando los primeros atisbos de conductas sociales compartidas, nuestras costumbres y aspectos como la capacidad del lenguaje articulado y simbólico (García. 2018), lo que estuvo aparejado del enorme desarrollo de nuestro cerebro, exclusivo de Homo sapiens, cuya base genética aún existe en el chimpancé para ambos caracteres.

Continuando en el ámbito de las conductas de los primates señalar que algunas de las emociones morales de los humanos (culpa, vergüenza, orgullo, moderación), también las podemos encontrar en algunas especies sociales de primates (Berovides. 2019). Es importante tener en cuenta que el ser humano tiene un ancestro común con los chimpancés llamado Ardi (Ardipithecus ramidus), una especie de homínido que vivió hace 4,4 millones de años (Infobae. 2009).

En estricto rigor es preciso señalar también que las adaptaciones evolutivas que a través del tiempo han sufrido los placentarios que subieron a los árboles hace 60 millones de años corresponden a modificaciones estructurales, del tipo comensalismo, las que son producto de la interacción entre individuos de distintas especies, caracterizada por el beneficio de uno solo de los involucrados, sin que la otra parte reciba ningún tipo de daño o perjuicio. En este caso se trata de comensalismo tipo inquilinismo, lo que significa que el comensal (los primates) encuentran hospedaje en un miembro de otra especie (los árboles). Los primates tuvieron que dejar los árboles hace 6 millones de años aproximadamente, producto del cambio climático originado por la falla del Rift, produciéndose desde esa época y en diferentes momentos a través del tiempo migraciones de diversas especies hacia el norte, es decir con dirección a Asia, Europa, y también hacia el sur de África.

Entonces sabemos lo que nos ocurre cuando vemos un árbol, a saber: disminución del estrés, una mayor renovación celular, mayor recuperación de la atención, conductas sociales más amables, disminución de la violencia. Si contrastamos estos efectos de la presencia arbórea en el cuerpo humano con los mecanismos evolutivos que existen en nuestro cuerpo, creados en tiempos remotos en los que nuestros antepasados tenían una vida arbórea, nos damos cuenta que nuestro cuerpo vibra casi en su totalidad en la misma frecuencia que nuestros ojos son capaces de percibir.

Si intentamos enumerar estos mecanismos evolutivos, podríamos señalar al menos los siguientes:

▪.- Las conductas sociales que desarrollaron los primates en su vida arbórea, caracterizadas por vivir en un ambiente favorable y protegido.

▪.- Los variados actos reflejos desarrollados en la etapa arbórea de los ancestros lejanos del Homo sapiens controlados por la médula espinal, los que activan partes del cuerpo como un complemento de las formas del árbol en las que se originaron.

▪.- Sensación de seguridad que proviene del dominio del ambiente que conforma la copa del árbol, activada por la percepción de variados tonos de verde, disponibilidad de alimento y abrigo.

▪.- Los distintos compuestos secretados por glándulas que se activan en presencia de los árboles e incluso tan solo al mirar imágenes de árboles.

▪.- Efecto de sostener el propio peso con las extremidades superiores, lo que mediante la liberación de somatrotopina activa la regeneración celular.

▪.- Activación de grupos neuronales en el cerebro, producto del volumen de información visual que proviene del árbol, la que es combinada con recuerdos visuales, auditivos y motores.

De esta forma entonces es posible mostrar de manera resumida los distintos mecanismos que se activan cuando vemos árboles, los que actuando de forma simultánea y combinada nos cautivan, fascinan y arroban, evidenciando el ensamble evolutivo que existe y persiste entre el Homo sapiens y los árboles.

1.7. Reflexiones sobre este capítulo

El propósito central de este capítulo ha sido intentar develar al lector la importancia que tienen en su vida, aunque es posible que hasta ayer aún no se haya dado cuenta, estas miles de especies distintas llamadas genéricamente árbol, denominación que es absolutamente insuficiente por referirse solo a presencia de tronco y copa, pero que siempre nos han llamado poderosamente la atención y generado fuertes emociones, sentimientos y estados de ánimo desde el origen de los siglos, milenios y eras, en que se origina la categoría taxonómica de los primates, orden al que pertenecemos.

Interesa destacar como la evolución nos ligó al árbol dejando en nosotros notorios vestigios de su influencia y como la misma evolución, al parecer ha hecho que nos olvidemos de él. Considere el lector que el esfuerzo de destacar la importancia del árbol para nuestras vidas tiene que ver con nuestra felicidad. Durante mucho tiempo hemos intentado ocultarlo poniendo en primer lugar las tecnologías que dominamos, sea poniéndolo como elemento de ornato, eliminando al árbol para que no tape los edificios, desdibujado en el paisaje o como un “sirviente” que solo debe complacernos. Hoy, que miramos el mundo a través de pantallas y no somos capaces de ver la vida que existe a nuestro alrededor, el árbol nos invita a evolucionar nuevamente.

De acuerdo a la información revisada, la incorporación consciente del árbol en nuestra vida cotidiana nos ayudará. de distintas maneras, a sentirnos cada vez más felices. También la preocupación por nuestra comunidad y su medio ambiente, entendiendo a la comunidad como el conjunto amplio de seres vivos del que formamos parte, tiene mucho que ver con nuestra felicidad. También es necesario considerar a la felicidad desde una perspectiva gubernamental, de tal forma que a través de la elaboración de políticas públicas sea posible crear las condiciones para que las personas puedan ser cada vez más felices.

Lo señalado no es una tarea fácil ya que existen numerosas profesiones y oficios que intentan hacer mejor su labor atentando en contra de la supervivencia del árbol, como por ejemplo aquella que intenta mostrar sus edificios, los que al parecer no pueden ser tapados por árboles; quienes están a cargo de construir calles y veredas, quienes optimizan los predios para construcción de viviendas y ni siguiera piensan en dejar espacio al árbol en aceras y menos aún áreas verdes; quienes tienen la responsabilidad de la distribución eléctrica domiciliaria que pudiendo hacer sus diseños de forma sustentable prefieren ocupar el espacio aéreo destinado al árbol, etc. Por todos estos motivos estamos llamados a participar en la construcción de nuestras ciudades, es decir: en la construcción de nuestra propia felicidad.

1.8.- Bibliografía

1.- Barragán, A. 2014. Psicología de las emociones positivas: generalidades y beneficios. Enseñanza e Investigación en Psicología, vol. 19, núm. 1, enero-junio, 2014, pp. 103-118. Xalapa, México.

2.- BBC Mundo. 2017. El "cuarteto de la felicidad": cómo desatar los efectos positivos de la endorfina, serotonina, dopamina y oxitocina. https://www.bbc.com/mundo/noticias-39333917

3.- Benavente, R. 2015. La ciencia del miedo: cómo lo procesa nuestro cerebro y por qué nos gusta sentirlo. https://www.elconfidencial.com/tecnologia/2015-10-31/la-ciencia-del-miedo-como-lo-procesa-nuestro-cerebro-y-por-que-nos-gusta-sentirlo_1076715/

4.- Berman, M., Kross, E., Krpan, K, Askren, M, Burson, A., Deldin, P, Kaplan, S., Sherdell, L., Gotlib, I, Jonides, J. 2012. La interacción con la naturaleza mejora la cognición y el afecto de las personas con depresión. Revista de trastornos afectivos. Volumen 140, Número 3, noviembre de 2012, páginas 300-305. https://www.scopus.com/record/display.uri?eid=2-s2.0-84863982275&origin=inward&txGid=a1f7898b2a82531a61a833103b7e299e#

5.- Berovides, V. 2019. Lo que heredamos de nuestros parientes los monos https://www.cubaperiodistas.cu/index.php/2019/11/lo-que-heredamos-de-nuestros-parientes-los-monos/

6.- Biointeractive. 2017. El Origen de las Especies: El Pico del Pinzón. https://www.youtube.com/watch?v=OQ4OdCp59c4

7.- Behncke, R. 2004. La rebelión del arquetipo. http://rolfbehncke.cl/pa-web/La_Rebelion_del_Arquetipo.pdf

8.- Brelich, A. 1979. Las religiones antiguas. En Puech, H. 1979. Historia de las Religiones. https://fradive.webs.ull.es/master-ocw/8A/brelichintro.pdf.

9.- Brito, G. 2018. Neurociencia y Budismo – Un diálogo entre Matthieu Ricard y Wolf Singer. https://cultivarlamente.com/neurociencia-y-budismo/

10.- Buendía, J. 2015. El derecho a la felicidad. Producto Interno Bruto v/s Índice de Felicidad. Tesis Doctoral. Departamento de Sociología y Trabajo Social. Universidad de Murcia. https://digitum.um.es/digitum/handle/10201/46975

11.- Casado, R. 2018. El contacto con la naturaleza es un buen ansiolítico. https://amadag.com/el-contacto-con-la-naturaleza-es-un-buen-ansiolitico/

12.- Castro, M. 2014. Asociación Educar para el Desarrollo Humano. https://asocioneducar.com/emociones-positivas-salud

13.- Comisión Central del Censo. 1907. Censo de la República de Chile : levantado el 28 de noviembre de 1907 http://www.memoriachilena.gob.cl/602/w3-article-8117.html

14.- Correa, J. y Muñoz, D. 2013. Vías de la emoción y la inhibición de la neocorteza cerebral. https://nanopdf.com/download/imprimir-este-articulo-revistas-cientificas-universidad-ces_pdf

15.- Cortes, F., Cabana, R., Vega, D., Aguirre, H., Muñoz, R. 2017. Variables influyentes en la conducta ambiental en alumnos de unidades educativas, región de Coquimbo-Chile. Estud. pedagóg. vol.43 no.2 Valdivia 2017. http://dx.doi.org/10.4067/S0718-07052017000200002

16.- Cuadra-Peralta. 2010. Resultados de la psicoterapia positiva en pacientes con depresión. https://scielo.conicyt.cl/scielo.php?script=sci_arttext&pid=S0718-48082010000100012

17.- Dalai Lama. 1999. El arte de la compasión. La Práctica de la Sabiduría en la Vida Diaria. https://robbinshumphreynixon.-files.wordpress.com/2020/06/el-arte-de-la-compasion-la-.pdf

18.- Dehaene, S. 2014. El cerebro lector: Últimas noticias de las neurociencias sobre la lectura, la enseñanza, el aprendizaje y la dislexia. Buenos Aires: Siglo XXI Editores. 2014. 448 p. (Ciencia que ladra ...// Serie Mayor, dirigida por Diego Golombek).

19.- De Jorge, J. 2009. El minúsculo cerebro de un primate de 54 millones de años. https://www.abc.es/ciencia/abci-minusculo-cerebro-primate-millones-anos-200906220300-921944391403_noticia.html?ref=https:%2F%2Fwww.google.com%2F

20.- De los Ríos, A. 2016. Felicidad y economía: la felicidad como utilidad en la economía. Equidad & Desarrollo (26), 115-143. https://dialnet.unirioja.es/descarga/articulo/5580489.pdf

21.- Del Pozo, S. 2017. Fundamentos de la Arboricultura Urbana. Pg 56 – 57. Santiago, Chile. Editorial y consultora Educacional Didacta Más Ltda.

22.- Del Pozo, S. 2018. Fundamentos de la Arboricultura Urbana - Presentación Libro. https://www.youtube.com/watch?v=-HchRvGFS60

23.- Espert, R. 2017. Meditacion: Cambios cerebrales. https://dai.ly/x4vjo5y

24.- Fredrickson, B. 1998. ¿De qué sirven las emociones positivas?https://www.ncbi.nlm.nih.gov/pmc/articles/PMC3156001/

25.- Fredrickson, B. 2004. El Poder de los Buenos Sentimientos. Revista Mente y cerebro N.º 08, año 2004. https://www.investigacionyciencia.es/revistas/mente-y-cerebro/paradoja-del-samaritano-381/el-poder-de-los-buenos-sentimientos-3728

26.- Fredrickson, B. 2014. Remaking love: Barbara Fredrickson at TEDxLowerEastSide

27.- Fredickson, B. 2019. Las emociones positivas nos transforman. https://www.youtube.com/watch?v=jRMyE5ibIuQ

28.- Fuentes, N. 2020. Reporte Mundial de la Felicidad 2020. https://bienestarconciencia.me/2020/03/30/reporte-mundial-de-la-felicidad-2020/

29.- García, P. 2018. Desarrollo y Evolución del Lenguaje. http://revistas.rae.es/bilrae/article/view/231/559

30.- Goldman, J. 2014. ¿Por qué tenemos los ojos al frente de la cabeza y no al costado?.

31.- Gómez, P 2014. Neuroplasticidad: los taxistas de Londres.

32.- González, A. 2012. Evolución humana y nutrición: una unidad didáctica para reflexionar sobre su importancia en el estilo de vida moderno

33.- Huerta, L. 2020. El lenguaje de las Plantas. https://www.gaceta.unam.mx/el-lenguaje-de-las-plantas/

34.- Infobae. 2009. Este es el ancestro más primitivo del hombre. https://www.infobae.com/2009/10/02/475543-este-es-el-ancestro-mas-primitivo-del-hombre/

35.- Kaplan, S. 1995. Los beneficios restauradores de la naturaleza: hacia un marco integrador. Revista de psicología ambiental. Volumen 15, Número 3 , septiembre de 1995 , páginas 169-182.

36.- Keller., H. 2013. Árboles y arbustos en mitos guaraníes sobre el origen y el fin del mundo: elucidación de algunas expresiones fitonímicas. https://ri.conicet.gov.ar/bitstream/handle/11336/2023/Arboles_y_arbustos.pdf?sequence=1&isAllowed=y

37.- Kuo, F. y Sullivan, W. 2001. 2001. Agresión y violencia en el centro de la ciudad: efectos del medio ambiente a través de la fatiga mental. Sage Journal. Volumen: 33 número: 4, página (s): 543-571. https://doi.org/10.1177/00139160121973124

38.- Kuo, F., Bacaicoa, M. y Sullivan, W. 1998. Transformación de paisajes urbanos interiores: árboles, sentido de seguridad y preferencia. Sage Journal. Volumen: 30 número: 1, página (s): 28-59. https://doi.org/10.1177/0013916598301002

39.- Kuo, F. y Sullivan, W. 2001. Medio ambiente y delincuencia en el centro de la ciudad: ¿la vegetación reduce la delincuencia? Sage Journal. Volumen: 33 número: 3, página (s): 343-367. https://doi.org/10.1177/0013916501333002

40.- León, F. 2018. Ikea lanza un experimento social para luchar contra el bullying. https://www.merca20.com/ikea-lanza-un-experimento-social-para-luchar-contra-el-bullying/

41.- Lepersky, K. 2017. El paradigma de las emociones básicas y su investigación. Hacia la construcción de una crítica. https://www.aacademica.org/000-067/146.pdf

42.- Lutz, A., Brefczynski, J., Johnstone, T. y Davidson, R. 2008. Regulación de los circuitos neuronales de la emoción mediante la meditación de la compasión: efectos de la experiencia meditativa. https://pubmed.ncbi.nlm.nih.gov/18365029/

43.- Mansur, E. 2020. Emociones, Sentimientos y Estados de Ánimo | Escuela de Gimnasia Emocional. https://www.youtube.com/watch?v=HWb4L-hzYmQ

44.- Martín, N. 2015. La razón por la que te sienta tan bien un paseo entre los árboles. https://verne.elpais.com/verne/2015/08/05/articulo/1438774315_209881.html

45.- Matthieu, R. 2005. En defensa de la felicidad. Ediciones Urano.

46.- Miyazaki, Y. 2018. Shinrin-Yoku: Baños curativos de bosque. Vallvidrera. Barcelona. Editorial Blume.

47.- Muro, V. 2018. Cómo funciona nuestro cerebro cuando leemos. https://comofuncionanlascos.as/cerebro-lector-8ac2840d4a0a

48.- Nejatia, A., Rodiek, S. y Shepleyb, M. 2016. Usar simulación visual para evaluar las cualidades restauradoras del acceso a la naturaleza en las áreas de descanso del personal del hospital. Landscape and Urban Planning. Volume 148, Abril de 2016 , páginas 132-138.

49.- Palocz, C. 2011. El Tibet y el Mundo Entero. El conflicto Tibetano Chino desde una perspectiva no dual. Providencia, Chile. Editorial Cuarto Propio.

50.- Pavez, M. 2002. Planificación urbana-regional y paisaje: impronta de los planes 1960-1994 para Santiago de Chile. https://web.uchile.cl/vignette/revistaurbanismo/n6/pavezm2.html

51.- Pelligra, V. 2019. La economía de la felicidad y la paradoja de Easterlin. https://www.edc-online.org/es/publicaciones/articulos-de/vittorio-pelligra/15437-la-economia-de-la-felicidad-y-la-paradoja-de-easterlin.html

52.- Pérez, D. 2019. Neurotransmisores y Salud Mental. https://www.youtube.com/watch?v=9hvy5puenNc

53.- Pizarro, B. 2011. Neurociencia, aprendizaje y educación. https://www.cite2011.com/Comunicaciones/Neurociencia/PonenciaCarrasco.pdf

54.- Priego, C. 2002. Beneficios del arbolado urbano. https://digital.csic.es/bitstream/10261/24578/1/Beneficios%20del%20arbolado%20urbano.pdf

55.- Ramírez, P. 2019. Diez emociones que nos ayudan a ser más positivos. https://www.tuproyectodevida.es/diez-emociones-positivas/

56.- Ricard, M. 2004. Sobre los hábitos de la felicidad. https://www.youtube.com/watch?v=izpluzEy6Mk&t=7s

57.- Ricard, M. 2005. En defensa de la Felicidad.

58.- Riera, S. 2016. ¿Azul-negro o blanco-dorado? bases psicofísicas y neurofisiológicas de un fenómeno visual viral. https://upcommons.upc.edu/bitstream/handle/2117/118917/sandra.riera%20-%20TFG%20Sandra%20Riera.pdf?sequence=1&isAllowed=y

59.- Ríos, B. 2018. La expansión y el origen de las lenguas indoeuropeas. https://www.geografiainfinita.com/2018/11/la-expansion-de-las-lenguas-indoeuropeas/

60.- Rivero, T. y Schulmeyer, M. 2018. El impacto del medio ambiente en estudiantes universitarios: percepción del efecto restaurador de imágenes naturales y urbanas. http://www.scielo.org.bo/pdf/rap/v16n1/v16n1_a06.pdf

61.- Rodríguez, J. 2015. La visión estereoscópica: avance evolutivo en el espacio. https://josefelixrodriguezantonweb.com/2015/09/26/la-vision-estereoscopica-avance-evolutivo-en-el-espacio/

62.- Rosenberg, M. 2017. Marc My Words: el tsunami del conocimiento que se avecina. https://

learningsolutionsmag.com/articles/2468/marc-my-words-the-coming-knowledge-tsunami

63.- Sanchez-Miranda, M. 2016. La capacidad restaurativa de la naturaleza: En la búsqueda de su relación con las actitudes implícitas. Opción, Año 32, Especial No. 13 (2016): 840-863 ISSN 1012-1587 https://dialnet.unirioja.es/descarga/articulo/5844694.pdf

64.- Sanfeliciano, A. 2018. Las 6 emociones básicas: características y funciones. https://lamenteesmaravillosa.com/las-6-emociones-basicas-caracteristicas-y-funciones/

65.- Secretaria General ONU. 2013. La felicidad: hacia un enfoque holístico del desarrollo. https://digitallibrary.un.org/record/743697?ln=es

66.- Seligman, M. 2019. La auténtica felicidad. Barcelona, España. Grupo Editorial Penguin Random House.

SOBICAIN. 2005. La Biblia. Editorial Verbo Divino. 467 p.

67.- Ulrich, R., Simons, R., Losito, B., Fiorito, E., Miles, M. y Zelson, M. 1991. Recuperación del estrés durante la exposición a entornos naturales y urbanos. Revista de psicología ambiental. Volumen 11, Número 3 , septiembre de 1991 , páginas 201-230.

68.- Ura, Alkire y TshokiZangmo. 2013. Felicidad Nacional Bruta e Índice de FNB. https://www.servindi.org/actualidad/82245

69.- Valenzuela, A. 2007. Evolución bioquímica de la nutrición: del mono desnudo al mono obeso. Rev. chil. nutr. v.34 n.4 Santiago dic. 2007.

70.- Mayoral, O. 2019. Las plantas como recursos didáctico. la botánica en la enseñanza de las ciencias. Flora Montiberica 73: 93-99 (III-2019). https://dialnet.unirioja.es/descarga/articulo/6859053.pdf

71.- Waldinger, R. 2015. ¿Qué hace a una buena vida? Lecciones del estudio más largo sobre la felicidad. https://www.youtube.com/watch?v=RD7zHYWeWZU

72.- Wikipedia. S/f. Purgatorius. https://es.wikipedia.org/wiki/Purgatorius

73.- Yen, S. 1997. Los preceptos del bodhisattva-Direcciones para la Budeidad. https://studylib.es/doc/4859623/los-preceptos-del-bodhisattva-direcciones-para-la-budeidad

CAPÍTULO II: EL ÁRBOL DE LA VIDA

2.1. Introducción

Los árboles presentan las mismas diez características y propiedades que distinguen de la materia inerte a todos los seres vivos. La bibliografía revisada para este capítulo hizo posible dar contenido a los enunciados que respecto de cada una de estas características y de forma general han sido descritos por diversos autores, logrando aportar una comprensión amplia y profunda respecto del funcionamiento de los árboles, especialmente aquellos árboles que han sido plantados en las ciudades.

En esta iniciativa ha sido posible compatibilizar los contenidos de las numerosas y diversas fuentes señaladas, de tal forma que el lector puede encontrar, respecto de algunas características y propiedades de las plantas, algunos conocimientos antiguos de características que no han variado, junto con aquellos resultados de numerosas investigaciones que hacen referencia a la activación de ciertos genes para la producción de moléculas, lo que permite explicar la forma como las plantas se desarrollan o responden a estímulos del medio ambiente. Consideremos que aquí también tiene validez la Curva de Duplicación del Conocimiento, lo que nos permite mirar a los árboles de otra forma.

Es en este contexto y de esta forma que ha sido posible también desarrollar de forma armónica con algunas características y propiedades de los árboles, aquellos contenidos que son propios de los árboles que viven en las ciudades.

Las características y propiedades biológicas de los árboles los sitúan como aquella forma de vida que está conectada con un sinnúmero de especies, a saber: el "Árbol de la Vida", arquetipo que conecta todas las formas de la creación, de la naturaleza o del ecosistema, cuya expresión está presente desde muy antiguo en todas las tradiciones de tipo mitológicas, filosóficas y religiosas, en los cinco continentes, lo que ahora se presenta de forma concreta según el conocimiento disponible en la actualidad. Este texto entonces viene a actualizar los conceptos que desde muy antiguo diversos grupos humanos daban a los árboles.

Es interesante observar que el "Árbol de la Vida" nos remite a un concepto o forma de ver el mundo muy especial, caracterizado por las relaciones que existen entre todas las especies que habitamos el planeta Tierra, donde el árbol es aquel ser vivo principal, que cumple la función de relacionarlas a todas ellas: aves, animales, insectos, microorganismos y otras especies vegetales. Pero, ¿quién podría asignar tan importante rol al árbol? De acuerdo a lo revisado en el capítulo anterior de este mismo texto, el nombre de "Árbol de la Vida" sería un reconocimiento de gratitud a aquella especie que albergó y permitió sobrevivir, entre otras especies, a los primates y a los primeros homínidos.

Sabemos que los seres vivos nacen, se reproducen y mueren. Si es hasta allí donde se encuentra nuestro conocimiento en la materia, tendremos que hacer un esfuerzo para recorrer con interés y entusiasmo las líneas que vienen a continuación, las que están dedicadas por supuesto a conocer los árboles, esos árboles cuya amistad llevamos demasiado tiempo despreciando.

Este libro tiene por finalidad convertirse en una base de conocimientos que haga posible el objetivo señalado, es decir, que por medio de un conocimiento profundo respecto del funcionamiento de los árboles, se logre realizar una gestión que no vaya en detrimento de los árboles, muy por el contrario: *que el conocimiento sirva para potenciar el desarrollo de los árboles urbanos en general y en especial de los árboles urbanos, para que los seres humanos seamos cada vez más felices.*

2. 2. Características y propiedades de los seres vivos

De acuerdo a lo señalado por Galindo, Avendaño y Angulo (2009), los organismos vivos son sistemas ordenados jerárquicamente con numerosas propiedades y sus actividades están gobernadas por programas genéticos que contienen información adquirida a lo largo del tiempo. Las propiedades y estructuras aparentemente únicas de la materia viva se pueden explicar en términos de las propiedades de las macromoléculas que los conforman (ácidos nucleicos, péptidos, enzimas, hormonas y componentes de membranas) y su organización.

Estas propiedades que presentan los organismos vivos les confieren ciertas cualidades, conocidas como características, que definitivamente no existen en los sistemas inanimados, las que se señalan a continuación, a saber: organización compleja, homeostasis, metabolismo, ciclo vital, irritabilidad, autoreplicación, transformación del medio, adaptación y evolución, genotipo y fenotipo. (Meloni. 2015.; Angulo., Avendaño. y Galindo. 2012.; Puicán. 2018; Jiménez, L. et al. 2006.; Raisman y González. 2013.). Es preciso señalar que los textos revisados corresponden a una serie de publicaciones de biología creados específicamente para servir de bibliografía en programas de bachillerato, los que son impartidos por diversas universidades como titulaciones de cuatro semestres. De esta forma se intenta explicar al lector el porqué estas materias no forman parte del conocimiento que de forma regular se entrega en la preparación para la gestión del árbol urbano, debiendo ser la base de tales iniciativas.

Se suma a esta lista la capacidad de los seres vivos para resolver problemas que atentan contra su supervivencia, ámbito en donde destacan las investigaciones realizadas por Mónica Gagliano (Gagliano et al. 2016; Gagliano et al 2017) y Heidi Appel (Appel y Cocroft. 2014; Appel et al. 2007), quienes son pioneras en esta línea de investigación que cada vez suma una cantidad importante de investigadores y resultados.

A continuación revisaremos en qué consiste cada una de estas propiedades y características de los seres vivos, poniendo énfasis en el contenido que para los árboles tienen todas y cada una de ellas, con un especial énfasis para los árboles urbanos, que es la materia de especialidad que con urgencia requiere de estos fundamentos, con el fin de lograr cambiar las técnicas actuales hacia mejores prácticas que orienten la gestión que sobre ellos se realiza.

2. 2.1. Los seres vivos tienen una estructura organizada compleja

Todos los seres vivos están conformados por células, siendo esta la parte más simple de la materia viva capaz de realizar todas las actividades necesarias para la vida. Un árbol está formado por miles de millones de células, siendo un organismo pluricelular complejo, donde los procesos del organismo entero dependen del funcionamiento coordinado de las células que lo constituyen. A su vez, toda función vital tiene su explicación en la estructura y funcionamiento de la célula, considerando la diferenciación celular y formación de tejidos. Una célula se divide continuamente, dando lugar a los tejidos complejos y a los órganos y sistemas de un organismo desarrollado. Todas las funciones interactúan unas con otras para crear un singular y ordenado sistema viviente y son vitales para su existencia cada función o proceso que realizan los organismos vivos.

Las células eucariotas (con núcleo verdadero) son aquellas cuyo material hereditario (ADN) se encuentra envuelto por una doble membrana: la envoltura nuclear, que forma un núcleo celular. Se caracterizan también por presentar citoplasma o citosol en el que se encuentran, además del núcleo, los distintos orgánulos y moléculas que intervienen en funciones estructurales, metabólicas, en la homeostasis, en la señalización, etcétera. Se distinguen de las procariotas ya que estas no poseen núcleo definido. Entre la membrana celular y el núcleo se encuentran también los orgánulos (mitocondrias, cloroplastos, peroxisomas, lisosomas, retículo endoplasmático, vacuolas, etc.), que son compartimentos rodeados por membrana que llevan a cabo funciones como la digestión, respiración, fotosíntesis, metabolismo, transporte intracelular, secreción, producción de energía, almacenamiento, etc.

Las células vegetales también conforman tejidos los que a su vez cumplen funciones específicas. Entre los más importantes se encuentran los meristemáticos (apicales, secundarios y embrionarios) y los adultos o diferenciados (de protección, soporte, fundamentales, vasculares y secretor). A continuación se presenta una descripción más detallada de estos tipos de tejidos.

a) **Tejidos meristemáticos**: presentan núcleos grandes y pared celular delgada, se encuentran en constante división en el ápice de las ramas y raíces y explican el crecimiento en altura y en grosor del árbol. Los meristemos encargados del crecimiento longitudinal se denominan apicales y los meristemos que producen crecimiento en grosor se denominan cambium. El cambium vascular origina al xilema (albura y duramen) y el floema. El cambium suberoso origina el suber o corcho y a la felodermis (colenquima, esclerénquima y parenquima).

b) **Tejidos adultos o diferenciados**: que cumplen funciones de protección, soporte, fundamentales, conducción o vasculares y secretores. Los tejidos de protección son la epidermis conformada por células vivas que se encuentran en casi toda la planta, especialmente en hojas y frutos, y la peridermis conformada por células muertas y ubicada en tallos leñosos, donde los estomas son reemplazados por lenticelas. Los tejidos de soporte están conformados por colénquima (células vivas) y esclerénquima (células muertas), donde el colénquima brinda flexibilidad, rigidez y soporte y el esclerénquima, que presenta lignina en su pared, otorga rigidez y dureza, dando soporte y forma a las partes más duras de la planta. Los tejidos fundamentales están formados por parénquima y corresponden a clorofilianos y reservantes. Los primeros se encuentran en hojas y tallos y en ellos se realiza la fotosíntesis. Los tejidos reservantes carecen de cloroplastos y pueden almacenar almidón (amiláceo), agua (acuífero) o aire (aerífero). Los tejidos de conducción o vasculares se originan en el cambium y corresponden al xilema y floema. El xilema está conformado por albura (células vivas) y duramen (células muertas).

En Gimnospermas el xilema es homogéneo porque solo tiene traqueidas (células conductoras con paredes más gruesas que las traqueas) y los radios de parénquima horizontal son uniseriados. En Angiospermas el xilema es heterogéneo porque también hay elementos de los vasos y los radios son multiseriados.

El floema con células vivas anucleadas (tubos cribosos) conduce la savia elaborada (almidón, aminoácidos, lípidos, hormonas). El tejido secretor produce néctar, gomas, resina y latex entre otros. Puede encontrarse ubicado en tejidos primarios y secundarios y en la epidermis como pelos glandulares, hidátodos o nectarios florales y extraflorales.

El tejido de duramen se va formando en los anillos que se encuentran más cerca del eje del árbol, en el centro del tronco, el que con el paso del tiempo se va bloqueando y perdiendo vitalidad. Estos se bloquean al impregnarse los plasmodesmos de diversos compuestos (resinas, gomas, aceites, sustancias minerales, taninos, materias colorantes, etc.) que impiden su comunicación con las demás células. Este tejido presenta una mayor resistencia al ataque de hongos debido a que acumula sustancias químicas. El tejido de albura es la parte del xilema que conduce la savia bruta, siendo generalmente más poroso y blando que el duramen. La proporción de albura y duramen es muy variable entre las distintas especies y aún entre árboles de la misma especie y su espesor depende de la edad del árbol y de características genéticas. Es interesante considerar aquí el efecto que tienen sobre la relación albura y duramen los factores del medio ambiente.

Desde una perspectiva mas amplia, se puede señalar que las plantas están conformadas por dos sistemas: caulinar y radicular, siendo el primero de ellos aéreo y el segundo subterráneo. El sistema caulinar está conformado por órganos tales como el tronco, la copa, hojas, brotes, flores, y frutos. El sistema radicular incluye aquellas partes de la planta que se encuentran por debajo del nivel del suelo, tales como raíces, tubérculos, bulbos y rizomas (Raisman, J. y González, A. 2015).

El nivel de mayor percepción de las partes de este complejo sistema permite identificar tres partes en las plantas: copa, tallo y raíz. En el caso de los árboles, el tallo se denomina tronco, debido esto a que tiene características especiales dadas por su función de crecimiento secundario.

2. 2.2. Los seres vivos tienen la capacidad de adquirir energía y materiales del exterior y los transforman (Metabolismo)

Los organismos necesitan materiales y energía para mantener su alto grado de complejidad y organización, para crecer y reproducirse. Toman estos materiales y energía del exterior y los transforman en moléculas propias y, por medio de una red de reacciones químicas los degradan o se utilizan para la construcción de compuestos más complejos. Los átomos y las moléculas de los cuales todos los organismos están formados, pueden obtenerse del aire, del agua, del suelo, o a partir de los mismos seres vivos. Estas transformaciones implican reacciones de tipo químico que son necesarias para sostener las actividades vitales.

En todos los seres vivos ocurren numerosas reacciones químicas que son necesarias para la nutrición, el crecimiento y reparación de las células, las que permiten la conversión de la energía en formas utilizables. En todo ser vivo de manera continua se realizan reacciones metabólicas, las que siguen las instrucciones del material genético.

El metabolismo entonces es el conjunto de reacciones químicas que se producen en el interior de las células y que conducen a la transformación de unas biomoléculas en otras. Las distintas reacciones químicas del metabolismo utilizan enzimas, las que son específicas para cada metabolito inicial o sustrato y para cada tipo de transformación.

De acuerdo con Villagómez, G. (2015) se pueden considerar dos fases en el metabolismo: una de degradación de materia orgánica o catabolismo y otra de construcción de materia orgánica o anabolismo, a saber:

a) **El anabolismo** incluye reacciones químicas de construcción, es decir, que de la unión de moléculas sencillas se obtienen moléculas complejas. En esta fase, al fusionarse las moléculas, se forman entre ellas enlaces químicos, de manera que en dichas reacciones se acumula energía.

b) **El catabolismo** incluye las reacciones de desdoblamiento o degradación de moléculas complejas a moléculas simples con la ayuda de enzimas, lo que implica ruptura de enlaces y liberación de energía, que será almacenada en las moléculas de ATP para ser utilizadas en las funciones celulares.

Para ejemplificar ambos procesos nos referiremos al metabolismo de los carbohidratos, primero en su fase anabólica de construcción (fotosíntesis) y después en su fase catabólica o de degradación (respiración celular). En la fotosíntesis se construyen moléculas de azúcares y en ellas se acumula la energía luminosa absorbida del Sol. La fotosíntesis es un proceso complejo que implica una serie de reacciones químicas, que se resumen en una sola reacción general, donde se tienen los reactivos iniciales y los productos finales. En la respiración celular, los azúcares son degradados hasta bióxido de carbono y agua en un proceso en el que se libera energía para sintetizar moléculas de adenosín trifosfato (ATP).

Investigaciones realizadas en 39 especies de árboles, han mostramos una temperatura de la hoja durante la fotosíntesis notablemente constante de 21,4 +/- 2,2 grados Celcius en 50 grados de latitud, desde biomas subtropicales a boreales. Los autores de esta investigación concluyen "que cuando la asimilación de carbono es máxima, las propiedades fisiológicas y morfológicas de las ramas de los árboles sirven para elevar la temperatura de las hojas por encima de la temperatura del aire en un grado mucho mayor en latitudes más septentrionales" (Helliker, B. y Richter, S. 2008).

Si bien este dato ha sido obtenido con otros fines, nos permiten explorar las estrategias que utilizan los árboles para producir su propio alimento, sea subiendo su temperatura cuando hace frío o bajándola cuando hace calor. En el caso de situaciones de calor, las hojas superiores de los árboles no logran realizar fotosíntesis, pero con su sombra ayudan a bajar la temperatura de las hojas que están más abajo y al interior de la copa.

Ocurre una situación similar a la señalada en el párrafo anterior cuando se abren los estomas y la humedad que sale de la hoja disminuye la temperatura en el entorno de la hoja. Al respecto Bidwell (1993) señala que las hojas inferiores pueden lograr su máxima tasa fotosintética ante sólo el 30% de plena luz solar, en tanto que las hojas de la copa continúan elevando su tasa de fotosíntesis hasta una intensidad luminosa de pleno sol veraniego.

Otro aspecto a considerar es el calor específico del agua cuyo valor es igual a 1 caloría/gramo °C igual a 4.186 julios/gramo °C, valor que es más alto que el de cualquier otra sustancia común. Es decir, que para subir en 1° Celcius la temperatura del agua son necesarias 4.186 calorías. Pensemos en el calor específico del hormigón que es de 880 julios/gramo °C, lo que significa que cuando el agua sube en un grado su temperatura, con la misma energía el hormigón ha subido 4,76 grados Celcius su temperatura. Entonces, por su alto contenido de agua, la temperatura de los árboles y de las masas arbóreas en general es más estable y sube o baja su temperatura con lentitud en comparación a otros elementos.

Otro ejemplo es la elaboración de celulosa con que se construye la pared celular a partir de la glucosa producida por la fotosíntesis, que es externa a la membrana plasmática, cuya función es mantener la forma de la célula y la protege de daños mecánicos. La "pared primaria", presente en células meristemáticas crece a medida que la célula aumenta su volumen. Se crean puentes citoplasmáticos denominados plasmodesmos, los que atraviesan la pared por orificios o poros comunicando células vecinas.

Al respecto González (2002) señala que esta pared está constituida por microfibrillas de celulosa que se orientan en todas direcciones, formando una red laxa, las que se encuentran embebidas en una matriz de hemicelulosa y pectina, ambos polisacáridos. Cada microfibrilla de celulosa está formada por cadenas de celulosa entrelazadas por puentes de hidrógeno. Las moléculas de pectina, a su vez, se asocian a la hemicelulosa. De esta manera, la celulosa, hemicelulosa y la pectina se asocian para organizar una red compleja. La pectina también interactúa con los iones de Ca^{2+} y en presencia de agua, constituyen un gel semirígido (en algunos casos se conoce como "laminilla media": cemento que pega las células vegetales de un tejido entre sí).

Respecto de la pared secundaria, el mismo autor indica que esta es más interna, y cuenta con una mayor rigidez, llegando a formarse cuando la célula alcanza su tamaño definitivo, es decir cuando la célula deja de crecer. Esta pared está constituida por varias capas en las que continuamente se va depositando nuevo material y se va removiendo el viejo. Su grosor varía. En cada capa de pared secundaria la orientación de microfibrillas de celulosa y hemicelulosa es diferente, lo que contribuye a la rigidez. En algunos casos, la lignina reemplaza a la pectina, principalmente en las paredes de células leñosas a las que le otorga resistencia a la presión, o suberina en las células de la corteza dando impermeabilidad y protección. Existen también otras sustancias que se acumulan sobre la pared primaria, a la que llegan por difusión, y la impermeabilizan. Este es el caso de la cutina de las células epidermicas.

Respecto de las actividades metabólicas de tejidos en un tronco arbóreo, Bidwell (1993) destaca que a diferencia de los tejidos de la corteza y el cambium, que son metabólicamente muy activos, la albura es mucho menos activa que aquéllos, y en el duramen casi no hay actividad metabólica perceptible. Por lo tanto, el apoyo metabólico de un tronco se requiere principalmente sólo en la estrecha banda de tejido que circunda la superficie del tronco, el cual no aumenta cada año en proporción a la masa, sino solamente al área del tronco. Si no fuera así, y si todo el tronco fuera metabólicamente activo, el crecimiento de un árbol no sería posible y solo alcanzaría tamaño de talla reducida.

Respecto del almacenamiento de energía en árboles y latencia, el mismo autor señala que el almacenamiento de reservas de carbono parece estar regulado principalmente por la temperatura. Muchos árboles almacenan considerables cantidades de lípidos, en tanto que otros almacenan almidón, o ambos. Las bajas temperaturas con que se enfrenta el tallo tienden a inducir el almacenamiento de grasa; las raíces que no se enfrentan a tales extremos térmicos, almacenan principalmente almidón. Durante la primavera la elevación de las temperaturas causa la movilización de las reservas. Antes de que se inicie el crecimiento de primavera, grandes cantidades de sacarosa pueden sintetizarse a partir de compuestos almacenados y liberados al xilema. Los simples cambios de temperatura no son suficientes para esta reacción; lo que se precisa es una alternancia de días cálidos y noches heladas. El flujo de savia en los arces, por ejemplo, continúa sólo si tales condiciones prevalecen.

Al respecto Moore (2002), utilizando un método de tinción de glucosa con agua yodada aplicado a ramas y tronco de un roble común, observó que solo las ramas más jóvenes, de la zona más externa del árbol, Zona I del modelo de zonas del árbol, contenían abundante cantidad de almidón.

La asimilación es importante porque provee el carbono del que están formadas las células de la madera (Bidwell. 1993). Este autor señala que grupos de hojas tienden a suministrar carbono a ciertas áreas específicas de madera (tejidos) del tallo o rama abajo de ellas, así que los renuevos parcialmente defoliados se desarrollan asimétricamente. Sin embargo, la relación más importante es que el grosor de la pared está directamente relacionado a la asimilación neta. Por lo tanto, "si bien el tipo de células del la madera (temprana o tardía) está determinado por factores que gobiernan la producción de hormona en las hojas, la longitud celular está afectada por la temperatura, y el grosor de la pared por la asimilación neta o la tasa de fotosíntesis".

2. 2.3. Capacidad de autorregulación de los seres vivos (homeostasis)

Los seres vivos se caracterizan por poseer múltiples mecanismos de control y regulación (homeostasis), manteniendo una variedad de mecanismos de retroalimentación que estabilizan al organismo en un estado estacionario, considerando los cambios que ocurren en el medio ambiente en que estos viven. Algunos de los factores regulados por la homeostasis son: a) termorregulación: que es la regulación del calor y del frío y b) osmorregulación: que es la regulación del agua e iones.

En ambos casos, sea que se trate de termorregulación u osmorregulación, el flujo de agua desde el medio externo hacia el interior de la planta y desde la raíz pasando por el tronco y hasta las hojas del árbol, corresponde al principal aspecto que interviene en ambos fenómenos homeostáticos.

El movimiento de las moléculas de agua a través de las membranas celulares, se puede llevar a cabo de dos maneras: por difusión simple a través de la bicapa lipídica que forma la membrana, y por difusión facilitada, asistida por unas proteínas incrustadas en la membrana llamadas acuaporinas (Amezcua y Vera. 2012). Las acuaporinas se encuentran en todos los tejidos y órganos de las plantas; sin embargo, no todas están presentes en las mismas células ni en los mismos tejidos y órganos. Algunas acuaporinas se encuentran presentes en células, tejidos u órganos durante todo el ciclo de vida de las plantas, mientras que otras sólo aparecen durante alguna etapa específica del desarrollo, o bajo ciertas condiciones ambientales.

El transporte del agua por difusión simple es lento y en pequeñas cantidades, debido al carácter hidrofóbico, repelente al agua, de la bicapa lipídica. Por el contrario, el transporte del agua por difusión facilitada es rápido y en grandes cantidades, y además puede ser controlado por las células.

A continuación abordaremos en detalle el sistema que explica el flujo de savia bruta en el árbol, primero desde el exterior (suelo) al interior de la raíz, luego el flujo de savia por el tronco y en tercer lugar el paso de la savia bruta desde las hojas hacia el exterior del árbol.

2.2.3.1. Desde el suelo al interior de la raíz

El término osmosis se refiere al movimiento de agua o cualquier otro disolvente a través de una membrana selectivamente permeable. En el caso de las células el disolvente siempre es agua. El agua fluye desde una región de menor concentración de solutos, donde existe una mayor concentración de agua, a una región de mayor concentración de solutos que tiene menor concentración de agua. Aunque el agua puede pasar directamente a través de la membrana, las acuaporinas facilitan el flujo de agua por osmosis (Nabors. 2006).

La osmosis es similar a la difusión de solutos en tanto cada sustancia se mueve de forma espontánea hacia una región donde dicha sustancia esta menos concentrada. AI igual que otras sustancias que se mueven a través de una membrana, el agua tiende a fluir para igualar su concentración. Además, el incremento de sales al interior de las raíces es también uno de los mecanismos utilizados por las plantas para contrarrestar los efectos del frio intenso.

EI contenido celular de las raíces absorbe agua debido a una fuerza denominada potencial osmótico, que corresponde a la medida de la tendencia del agua a moverse a través de una membrana como resultado de la concentración de solutos. La concentración de solutos de una célula vegetal, que contiene minerales y moléculas orgánicas, como azucares y aminoácidos, suele ser mayor que la del entorno celular. El protoplasto absorbe de manera espontanea el agua circundante hasta que la presión de la pared celular impide una mayor expansión del protoplasto. En estas condiciones, la membrana plasmática es empujada contra la pared celular, haciendo que la célula se vuelva turgente, que es el estado normal o deseable para una célula vegetal.

La osmosis permite a la célula mantener un contenido de agua que permita la realización de la actividad celular, ya que en caso contrario, debido a bajos contenidos de agua al interior de la célula podría incrementarse la concentración de solutos en su interior, lo que afectaría a las moléculas que regulan el metabolismo, entre los que se encuentran los siguientes iones inorgánicos: potasio, calcio, magnesio y cloro, lo que afectaría la regulación de enzimas y la correspondiente actividad enzimática.

2.2.3.2. Ascenso de la savia bruta por el xilema

En el ascenso del agua por las células del xilema que conforman el tronco y las ramas interviene una propiedad del agua que es distinta a la utilizada en el fenómeno de osmosis. Nos referiremos esta vez a las fuerzas de adhesión y cohesión. El primer fenómeno señalado corresponde a la interacción entre las moléculas de agua y la superficie de la pared celular. La cohesión a su vez es la atracción que tienen entre si las moléculas de su mismo tipo, fuerza que es muy fuerte entre moléculas de agua debido a la formación de puentes de hidrógeno entre ellas.

Ambas fuerzas entonces causan el fenómeno denominado capilaridad, lo que provoca el ascenso pasivo del agua al interior de las plantas debido a que las moléculas de agua se adhieren a las paredes de celulosa de las células del xilema y entre ellas, contrarrestando de esta forma a la fuerza de gravedad. Este movimiento ascendente en contra de la fuerza de gravedad, conocido como capilaridad, depende también del diámetro del tubo en que se producen, por lo que el reducido diámetro de las células que conforman el xilema permite que en cada célula la savia bruta ascienda, sumando esta fuerza a la presión osmótica (Torres. 2012).

En angiospermas las células conductoras del xilema son las traqueidas y los elementos del vaso. Ambos tipos de células poseen paredes secundarias gruesas impregnadas de lignina, y ambas mueren en la madurez. Las traqueidas son células alargadas y delgadas que superponen sus extremos acuminados. Las superficies superpuestas contienen punteaduras con depósitos de pared secundaria. El agua pasa de una traqueida a la siguiente a través de esas punteaduras.

Los miembros de vaso que son mucho más grandes y difieren de las traqueidas porque sus paredes terminales tienen una o dos perforaciones o han desparecido totalmente, por tanto, ellos forman un vaso continuo, es decir, un conducto más efectivo para el transporte de agua debido a que se presentan menos restricciones al flujo (Torres. 2012).

La savia bruta que se encuentra en el interior del xilema es denominada de forma genérica como "columna de agua". Lo que ocurre realmente es que dicha "columna de agua" no es una masa homogénea, debido a que así como el xilema está formado por millones de células conductoras de savia bruta (vasos y traqueidas), el agua que cada una de estas células muertas contiene forman a su vez miles y millones de microcolumnas de savia bruta, presentando tantas microcolumnas de agua como células conductoras activas tenga el xilema.

Estas microcolumnas de savia bruta son el resultado del llenado de los capilares que forma cada célula del xilema (radios muy pequeños y longitud reducida), lo que hace posible el ascenso de la savia bruta por capilaridad al interior de la célula y de cada célula del xilema, permitiendo de esta forma que una célula abastezca de humedad a la célula siguiente contigua ubicada sobre ella en sentido vertical o junto a ella en sentido horizontal, pasando el agua o savia bruta por las perforaciones existentes en el caso de vasos y por punteaduras areoladas en el caso de traqueidas, contando con la participación de acuaporinas cuando sea necesario.

Alguna especies arbóreas superan los 100 metros de altura, entre las que se encuentran secuoya roja (Sequoia sempervirens) con 112,3 metros y fresno de montaña (Eucaliptus regnans) 101 metros y pino Oregón o abeto de Douglas (Pseudotsuga menziesii) con 100 metros de altura. Para todas estas especies existen registros de árboles que han superado las alturas señaladas, los que han caído en el tiempo, sea porque han sido talados o debido a tormentas.

Las alturas máximas que alcanzan los árboles de las distintas especies está determinada por el proceso de transpiración, específicamente por la máxima diferencia de presiones que se puede mantener a través de las células de la hoja. Es interesante destacar que la resistencia tensora de la savia en el xilema puede, en teoría, sostener una "columna de savia bruta" de 300 metros de altura, por lo que esta fuerza no constituye una limitante para el crecimiento de los árboles (Aguilar. 2000).

2.2.3.3. Ascenso de savia bruta por transpiración y evaporación

Hemos visto que el agua es una molécula polar y tiene un extremo cargado negativamente y otro cargado positivamente, lo que le permite formar puentes de hidrógeno entre ellas. El extremo positivo de una molécula de agua atrae al extremo negativo de otra, y conforme ocurre la evaporación producto de la diferencia de potencial de humedad que existe entre la atmósfera y el interior de la hoja, las moléculas de agua que van abandonando las hojas tiran hacia la atmósfera a las moléculas que vienen detrás de ellas en la "columna de agua". De esta forma se producen dos fenómenos, a saber: transpiración y evaporación, siendo la transpiración el movimiento del agua a través de una planta y la evaporación la salida del agua desde las hojas a la atmósfera, desde las partes aéreas, como hojas , tallos y flores. Por su evidente interrelación es común que al referirse a ellos se hable de evapotranspiración.

El flujo transpiratorio depende de la cantidad de humedad presente en la atmósfera circundante (humedad relativa) y la concentración de vapor de agua presente en la hoja. Mientras mayor sea la humedad relativa (HR) mayor será la cantidad de agua que se encuentra suspendida en la atmósfera que circunda a la hoja.

El flujo transpiratorio es inverso a la resistencia de la hoja o de la atmósfera al movimiento del vapor de agua. La mayor resistencia al flujo del agua en la hoja la presentan los estomas y la cutícula de la hoja.

En 1914, el botánico irlandés Henry H. Dixon, formuló la hipótesis de que la tensión generada por la transpiración, absorción de agua por ósmosis y la hidratación de la pared celular, producía un movimiento de agua desde la parte de abajo hacia arriba, de la columna líquida que se mantenía unida por fuerzas de cohesión, esto se conoce como la teoría de Dixon de la cohesión (Hernández. 2009). Actualmente el fenómeno que explica el ascenso de la savia por el xilema recibe el nombre de teoría coheso-tenso-transpiratoria.

Los tres componentes señalados: osmosis, capilaridad y evapotranspiración están vinculados. Cuando las moléculas de agua son retiradas del extremo del tubo de xilema, debido a la transpiración de las hojas, el hueco tiende a ser llenado inmediatamente por otras moléculas que estén por debajo. Esto genera una tensión o presión negativa que, literalmente, tira de la columna de agua hacia arriba. La cohesión intermolecular del agua líquida y su adhesión a las paredes de los elementos traqueales, permiten esta tensión.

Desde la perspectiva de la Teoría de Dixon, para el ascenso continuo del agua es necesario que se cumplan las siguientes condiciones: a) la cohesión de las moléculas de agua debe soportar la tensión, b) las columnas de agua dentro de las células conductoras deben ser continuas, y c) la diferencia de presión entre las raíces y hojas tiene que ser suficiente para elevar el líquido a través de toda la altura de la columna. La tensión en las columnas de agua, que representan en conjunto las diversas fuerzas que se dan en las distintas partes del árbol, hace que esta ascienda desde las raíces hasta las hojas, al mismo tiempo que se reduce la energía potencial del agua en los elementos traqueales de las raíces y esta entra por difusión (Alemán, G., Solano, E. y López, J. 2018); dentro de ellas el agua se mueve a través del apoplasto, espacios extracelulares y paredes, y el simplasto, que incluye a las membranas celulares, sus interconexiones y al citoplasma.

Además de la estructura y funcionamiento interno de las plantas, las especies arbóreas y arbustivas de zonas áridas y semiáridas presentan adaptaciones que evitan una excesiva pérdida de humedad desde los estomas, entre las que se encuentra la presencia de tricomas, que son células epidérmicas de distintas formas, estructuras y funciones, que sobresalen hacia el exterior de la epidermis, disminuyendo la velocidad del viento en la superficie de la hoja y reteniendo en parte la humedad que fluye desde los estomas. Otra adaptación xerofítica son las criptas estomáticas, que corresponden a hendiduras en el envés de la hoja donde se encuentra un alto número de estomas acompañados también por tricomas. Sea por la presencia de tricomas, de criptas estomáticas o de ambas adaptaciones, se crea una capa de aire inerte entre los estomas y la atmósfera que recibe la humedad que abandona la hoja, lo que permite una disminución de la cantidad de agua que se diluye en la atmósfera cuando los estomas se abren.

Los antecedentes aportados señalan el resultado evolutivo que los árboles presentan, de tal forma que cortar sus ramas representa un fuerte daño para cualquier especie arbórea. Lo que ocurre con las ramas cortadas es que el complejo y eficiente sistema que conforman las ramas y las hojas con sus estomas, es reemplazado por una herida que deja expuestas a las células que conducen savia bruta hacia arriba, lo que permite una evaporación de humedad hacia la atmósfera sin control adaptativo alguno por la herida causada, perdiéndose rápidamente la humedad contenida en el sistema vascular, encontrando la savia bruta un nuevo nivel de equilibrio al interior de los tejidos de la rama cortada. En el espacio señalado, que queda entre este nuevo nivel de equilibrio y la superficie del lugar cortado se genera un ambiente óptimo para el desarrollo de hongos, donde estos patógenos encentran las cuatro condiciones necesarias que necesitan para prosperar: humedad, oxígeno, alimento y oscuridad. El micelio del hongo prosperará al alimentarse de celulosa y lignina según sea la especie, produciendo un daño estructural al árbol que con el tiempo lo lleva a la muerte. Efectivamente, el árbol no muere inmediatamente, pero se acorta su ciclo de vida de forma severa, generándose también condiciones de riesgo para la población y para las personas.

Es importante destacar que mientras más cerca del tronco se produzca la herida, mayor será el daño que los hongos y otros patógenos produzcan en el debilitamiento del árbol. La principal preocupación de las personas que trabajan con árboles urbanos debería ser formarse para evitar cometer errores como los señalados.

Es importante señalar también que la capacidad de autorregulación de los árboles se ve seriamente afectada cuando sufren heridas, sea por desganche de ramas, caída de ramas por temporales o debilitamiento del árbol, pero y principalmente por aplicación de poda. Sabemos que cuando se abren los estomas se pierde más del 90% de la humedad que sale a la atmósfera, quedando la restante humedad para realizar fotosíntesis. Es probable que en climas más húmedos o en lugares con criptoprecipitación disminuya el % de humedad que se pierde. Esta situación de pérdida de humedad desde el interior del árbol hacia la atmósfera se incrementa en varias veces cuando se producen heridas en el árbol, lo que muchos entienden por poda, debido a que las células conductoras de savia bruta, tanto de la albura como del duramen exponen su lumen a la atmósfera sin protección alguna, llegándose a perder el 100% de la humedad ubicada en el interior de la rama cuando se infieren heridas y cortes.

2. 2. 4. Los seres vivos tienen capacidad de crecer y desarrollarse, siguiendo un programa genético

La principal característica que define el crecimiento en un ser vivo es el aumento de tamaño, lo que en los árboles debido a la actividad permanente de sus ápices se expresa a través de todo su ciclo de vida. El desarrollo tiene relación con la madurez de los individuos, lo que a su vez permite la realización de diversas funciones que diferencian a un individuo inmaduro de otro que ha alcanzado la adultez. Entonces, crecimiento y desarrollo en los árboles son procesos distintos pero simultáneos. Las funciones corresponden a los procesos que contribuyen a la conservación de la especie.

Desde una perspectiva biológica, el desarrollo indica una maduración progresiva y la diferenciación de órganos y sistemas, que condicionan un auge en la maduración funcional, donde destaca principalmente el desarrollo sexual. Este punto de diferenciación, especialmente en árboles, se encuentra representado por la floración, sea que se trate de árboles monoicos o dioicos. Un organismo monoico o hermafrodita es aquel en el que las estructuras reproductoras, tanto masculinas como femeninas, se encuentran en el mismo individuo. Una especie dioica es aquella en la que hay individuos machos e individuos hembras.

Bajo un enfoque ecológico señalar que el árbol no vive aislado de su medio ambiente el que está formado por elementos bióticos y abióticos. Por este motivo el desarrollo de los árboles también tiene que ver con el conjunto de funciones que ellos realizan y que tienen relación con el desarrollo de otras especies.

El crecimiento de los árboles se caracteriza a través de la medición de diversos parámetros, siendo probablemente los principales de estos la altura y el diámetro de la copa y diámetro del tronco. El desarrollo se puede medir también determinando número de flores, cantidad de frutos o semillas, midiendo variables relacionadas con la vida en el entorno y que dependen del desarrollo de los árboles. A continuación nos referiremos de forma específica a la caracterización del crecimiento del árbol por medio del parámetro diámetro a 1,30 metros, más conocido como Diámetro a la Altura del Pecho (DAP).

El incremento en diámetro del tronco tiene una alta correlación con diversas características del árbol, por lo que permite visualizar las etapas relacionadas con el desarrollo del árbol a través del tiempo, las que siguen la forma de la curva sigmoidea, donde se identifican claramente cuatro fases. Una primera etapa corresponde a la germinación y desarrollo de la plántula, que en el caso de árboles urbanos ocurre en vivero, en la que el crecimiento del diámetro es lento; luego tenemos una segunda etapa de juvenilidad, en donde la planta presenta un crecimiento exponencial, pero es incapaz de inducir por si sola el proceso de floración; a continuación y junto con la floración llega la etapa de madurez; una cuarta etapa consiste en el período de envejecimiento, el que se caracteriza por una reducción del incremento anual en diámetro, amén de otras características que son también observables (Segura. 2008).

En gymnospermas, cuyos troncos generalmente no rebrotan cuando llegan al fin de estas cuatro etapas o el árbol es talado, podemos observar la muerte del árbol al final de su etapa de envejecimiento. Sin embargo, las latifoliadas presentan una capacidad de rebrotar desde su base, lo que permite al árbol continuar creciendo y desarrollándose, aun cuando el tronco inicial haya cumplido su ciclo de vida. En este último caso se da una quinta etapa de reiteraciones que inicia nuevamente el ciclo de vida de cada árbol con capacidad de regenerar su copa.

Otro de los aspectos que varía con el desarrollo de los árboles es la relación entre el tejido fotosintético y el tejido no fotosintético, principalmente vinculada al crecimiento secundario de raíces, troncos y ramas, relación que tiene efecto en los procesos de fotosíntesis y respiración. De acuerdo con Bidwell (1993), el tejido de más actividad en raíz y tallo es el cambium, el cual es aproximadamente proporcional en tamaño a la función cuadrada de la altura del árbol; la masa de tejido metabólicamente inactivo es, sin embargo, una función cúbica de la altura del árbol. El árbol es más eficiente en términos de la relación de la fotosíntesis a respiración durante el crecimiento temprano, cuando la altura y el diámetro del árbol aumentan rápidamente.

Es interesante observar también como se comporta el volumen del árbol, considerando solamente su diámetro y altura, específicamente como un cilindro que almacena solo agua, lo que considerando la fórmula corriente de volumen queda como $v = \pi r^2 h$, donde v es el volumen, r es el radio del árbol y h su altura. Consideremos una porosidad promedio de 60% y la equivalencia de m^3 a litros donde 1 metro cúbico es igual a 1.000 litros. Entonces utilizando estos datos, el tronco de un árbol con 4 centímetros de diámetro y 2 metros de altura puede almacenar 1,5 litros de agua. El tronco de un árbol de 8 centímetros de diámetro y 5 metros de altura puede almacenar 15,1 litros de agua. El tronco de un árbol con 20 centímetros de diámetro y 6 metros de altura puede almacenar 113,1 litros de agua. Como último ejemplo señalar que un árbol de 30 centímetros de diámetro y 20 metros de altura puede almacenar 3.392,9 litros de agua o mejor dicho: savia bruta.

Con estos datos es posible abordar diversas situaciones, como por ejemplo la planificación del riego de árboles, que es distinta a lo que se puede considerar para plantas anuales, césped y otros vegetales, pero principalmente la forma como el árbol recupera la humedad que pierde durante la realización de fotosíntesis. También es posible llegar a entender lo que ocurre con la humedad interna del árbol cuando es mutilado, generalmente utilizando técnicas de poda atávicas, que están demasiado difundidas y demasiado utilizadas, las que son realizadas sin conocimiento respecto del funcionamiento del árbol, a pesar de las muchas evidencias de árboles en malas condiciones producto de la aplicación de poda.

Existen diversos métodos de poda que se utilizan en la actualidad, incluido aquel que ha sido definido según la forma que toman las manchas que dejan los hongos cuando se alimentan del xilema. Es interesante fijarse en este método por lo difundido que se encuentra y el enorme daño que sufren los árboles con su aplicación. Para ilustrar al lector: ese método es similar a acudir al doctor por alguna enfermedad, quién para diagnosticarlo en vez de hacer uso de sus conocimientos sobre el funcionamiento del cuerpo humano utiliza como herramienta principal la lectura de las hojas de té. Ese es el débil fundamento que tienen las "técnicas de poda del arbolado urbano" más difundidas en el mundo, lo que representa un gran desafío para superarlas, sobre todo considerando la dificultad de cambiar pensamientos erróneos en la mente de las personas.

2.2.4.1. El rol de las fitohormonas

El funcionamiento normal de los organismos pluricelulares es posible gracias a mecanismos precisos de regulación, los que hacen posible una perfecta coordinación entre las actividades de sus células, tejidos y órganos, junto con ser capaz de percibir y responder a las fluctuaciones de su ambiente. Entre los posibles mecanismos de regulación, el más conocido es el sistema de mensajeros químicos (señales químicas), que permite la comunicación entre las células y coordina sus actividades. En las plantas, la comunicación química se establece fundamentalmente a través de hormonas (fitohormonas), aunque no se excluye la existencia de otros posibles mediadores químicos cuya naturaleza, por el momento, se desconoce.

Teniendo en cuenta todas las consideraciones anteriores, señalar que las hormonas vegetales (fitohormonas) son definidas de la siguiente forma: grupo de sustancias orgánicas, sintetizadas por las plantas, que tienen la capacidad de afectar los procesos fisiológicos en concentraciones mucho más bajas que los nutrientes o las vitaminas. El control de la respuesta hormonal se lleva a cabo a través de cambios en la concentración y la sensibilidad de los tejidos a las hormonas (Segura. 2008).

Entre los procesos que regulan las fitohormonas encontramos la actividad y crecimiento del cambium, donde por la vía de la experimentación se ha detectado que si se aplica ácido indolacético (IAA) a un árbol, que es una fitohormona que actúa a nivel de los ápices, se produce madera temprana junto al sitio de aplicación. La madera de los árboles que nace a finales de verano y otoño se denomina madera tardía y se tratará de madera de color oscura, poco espaciosa y gruesas paredes. La madera inicial de primavera es la madera temprana. La auxina antagónica, ácido 2,3,5 - triyodobenzoico (ATIB) posee el efecto opuesto, debido a que su aplicación tiene por resultado la formación de madera tardía (Bidwell. 1993). Las hormonas que producen los vástagos en el momento de romper su latencia en primavera parecen promover el inicio de la actividad cambial y regulan la clase de célula de madera que se producirá. Las auxinas difunden o son transportadas desde el ápice de los vástagos por el floema, de manera que la concentración auxínica tiende a ser mayor cerca de la copa del árbol y menor cerca de la base del árbol. Como resultado la formación de madera tardía comienza en la base de un árbol y se extiende hacia lo alto a medida que avanza la temporada.

También existe una relación entre el ácido giberélico y la auxina, la que regula las cantidades relativas de xilema y floema. El incremento de auxina y la reducción de ácido giberélico tiende a resultar en producción de células de xilema, mientras que un relativo aumento en ácido giberélico, en relación a la auxina, resulta en producción de células de floema (Bidwell. 1993).

A continuación se presenta una descripción del efecto de las siete principales fitohormonas en los árboles, a saber:

a) **La auxina** de nombre ácido indolacético (AIA) es una sustancia producida por las regiones apicales de los tallos en crecimiento, incluyendo las hojas jóvenes, que estimula su crecimiento. Emigra desde el ápice a la zona inferior (transporte polar), en donde se requiere de forma específica en el proceso de alargamiento de las células en el tallo, actuando en este último caso a través de sus efectos sobre los componentes de la pared celular (Segura. 2008). La iniciación de la actividad de división celular del cambium en los árboles en primavera está controlada en parte por la auxina procedente de yemas y hojas jóvenes situadas más arriba. Al respecto Bidwell (1993) señala que también inhibe el crecimiento de la raíz principal y estimula la formación de raíces secundarias a partir de la región del periciclo. Más arriba de la raíz prevalecen concentraciones más altas de auxinas y menores de citoquininas, y el balance más favorable de estos dos reguladores determina la iniciación de raíces secundarias.

b) **Respecto de las giberelinas** (GAs), Díaz de la Guardia (2004) señala que son compuestos isoprenoides que conforman una familia de compuestos que superan los 70, los que se sintetizan en los tejidos jóvenes del tallo y las semillas en desarrollo. Cuando se aplica ácido giberélico (GA) a algunas plantas se produce una gran elongación del tallo. También actúa sobre el vástago floral y en muchos casos la floración. Las giberelinas tienen efecto sobre la actividad cambial según muestra un experimento realizado en porciones del tallo de álamo, en los que si no se aplican hormonas no se produce división cambial. Si se aplica auxina se produce xilema; si se aplica giberelina el cambium se divide por ambos lados, pero solo se diferencian las células madres del floema y no las del xilema. La aplicación conjunta de ambas fitohormonas produce ambos tejidos: floema y xilema.

Al respecto Iglesias y Talón (2008) apuntan que los estudios de aplicaciones exógenas a las plantas y las investigaciones con plantas mutantes deficientes en GAs y con plantas transgénicas indican que las giberelinas son reguladores esenciales del desarrollo. Estos investigadores señalan que las GAs son, por tanto, fitohormonas u hormonas nativas que afectan, regulan o modulan múltiples y variadas respuestas del crecimiento. Los efectos más evidentes se observan en la estimulación del crecimiento del tallo, la inducción del desarrollo del fruto y la germinación de las semillas.

c) **Las Citoquininas** de plantas maduras se sintetizan principalmente en la raíz, desde donde viajan por el xilema hacia la parte aérea. En un cultivo de tejido y presencia de auxina son muy activas promoviendo la división de las células y también la formación de yemas, callo o raíz. Cuando las citoquininas se encuentran en cantidades muy superiores a la presencia de auxina se producirán yemas que producirán tallos; si las concentraciones son similares entre ambas fitohormonas se favorece la creación de un callo sin diferenciar y, cuando la relación de auxina a citoquinina es alta se favorece la creación de raíz secundaria. Las citoquininas tienen también un efecto antisenescente o de mantenimiento de la juvenilidad, producido por conservar los niveles de clorofila, de proteínas y de ácidos nucleicos, efecto de una disminución de su taza de degradación y por mantener la integridad de las membranas. También las citoquininas participan, junto con la auxina, en el control de la inhibición o promoción del crecimiento de las yemas laterales. Las citoquininas estimulan el crecimiento de la raíz principal (Díaz de la Guardia. 2004).

d) **Respecto de la acción del etileno** como fitohormona, Díaz de la Guardia (2004) señala que éste es producido en todos los órganos de la planta y a muy bajas concentraciones produce numerosos efectos. Su acción depende de la activación o regulación de varias enzimas. Actúa sobre la marchitez de las flores, la maduración de los frutos y la abscisión o caída de las hojas. El etileno es la principal hormona que controla la abscisión de la hoja. Además de acelerar la senescencia de la zona de abscisión, es responsable directamente por causar la disolución de las paredes de las células de dicha zona. Esto ocurre porque el etileno a su vez promueve la síntesis de la enzima celulasa degradante de la pared y controla la salida de la enzima desde el protoplasto hacia la pared.

De acuerdo con Zacarías y Lafuente (2013), el etileno actúa, entre otros, en los siguientes procesos: a) inhibiendo el desarrollo vertical de la raíz a la vez que se incrementa la expansión radial. Este efecto es dependiente de la concentración, ya que con bajas dosis del gas se puede estimular la elongación de la raíz; b) inducción de raíces laterales, adventicias y pelos radiculares. Aunque en cada uno de estos procesos pueden existir mecanismos particulares de diferenciación, el etileno actúa en todos ellos promoviendo el número y el desarrollo de las estructuras; c) un incremento en la producción de etileno es ocasionado, en casi todos los casos, por la alteración en condiciones normales del desarrollo, sea por agentes químicos (metales pesados, lluvia ácida, ozono), físicos (heridas, deficiencia hídrica, encharcamiento, radiaciones, altas o bajas temperaturas) o biológicos (insectos, hongos, bacterias o virus); d) la formación de células necróticas ocasionadas por el ataque de patógenos ocasiona un aumento de la producción de etileno, y la hormona induce, además, la expresión de proteínas relacionadas con la patogénesis. La acción del etileno en la patogénesis depende de la especie vegetal y del agente patógeno.

f) **El ácido abcísico (ABA)** se sintetiza principalmente en los plastidios ubicados en los cloroplastos y en el citosol. Se relaciona el ABA con situaciones de estrés (sequía, salinidad, frío y helada), produciendo respuesta de la planta que le ayudan a tolerar el estrés (Peña-Rojas. 2012). También promueve procesos de embriogénesis y la síntesis de proteínas de reserva de las semillas. Evita esta fitohormona la germinación prematura de las semillas en la planta madre o la brotación de yemas de árboles, es decir, el ABA juega un papel en los fenómenos de reposo de semillas y yemas, aunque en estas últimas su participación es más discutida. En situaciones de estrés hídrico el contenido de ABA se incrementa rápidamente y actuando sobre las células estomáticas causa un rápido cierre del estoma. El nivel de ABA se incrementa también en otras situaciones de estrés como la salinidad en torno a las raíces y cuando la planta sufre lesiones o heridas. Actúa también aclimatando a las plantas para tolerar el frío (Díaz de la Guardia. 2004).

g) **El triptófano** es el precursor del ácido indolacético y actúa ayudando a promover la formación de raíces laterales y pelos radicales (Alegría. 2016).

h) **Las poliaminas** son un tipo de fitohormonas involucradas en la elongación y desarrollo de la raíz. Como fitohormonas son importantes en el desarrollo del sistema radicular primario, lateral y adventicio por lo que se les atribuye una actividad específica en la formación estructural de la raíz. Además, tienen la capacidad de controlar y regular los factores dependientes del desarrollo radicular (crecimiento de ejes radiculares, aparición de raíces laterales y dirección y elongación del sistema radicular) (Alcántara et al. 2019).

De acuerdo a lo revisado es posible señalar que las fitohormonas son esenciales para el crecimiento y desarrollo de las plantas en general, no obstante aún es necesario estudiar más a fondo sus funciones, en el sentido de conocer más respecto de las fitohormonas conocidas, respecto de las funciones que realizan en conjunto sobre un mismo proceso, activando, retardando o suprimiendo algunos desarrollos, sea también identificando nuevas fitohormonas.

Es interesante observar la complejidad de las fitohormonas respecto de su función, los fenómenos que detonan su producción, el balance que debe darse para que ellas produzcan un efecto u otro, entre otros muchos aspectos. Lo señalado implica un cambio de enfoque respecto de los criterios que se utilizan determinar la poda en los árboles, especialmente en los árboles urbanos, donde es evidente que los criterios de estructura, arquitectura y manchas por ataque de hongos son realidades lejanas al crecimiento y desarrollo de los árboles. Para ser más claros aún señalar que se requiere una clara definición entre la poda y la producción de fitohormonas y el cambio en sus efectos debido a las podas.

2.2.4.2. Crecimiento de los árboles

El crecimiento es un aumento en la masa celular como resultado de un incremento del tamaño de las células individuales, del número de células o de ambos. El crecimiento puede ser uniforme en las diversas partes de un organismo, o mayor en unas partes que en otras, de modo que las proporciones corporales cambian conforme ocurre el desarrollo, lo que puede ir cambiando en el tiempo según la edad de un individuo. Otro aspecto del proceso de crecimiento es que cada parte del organismo sigue funcionando conforme éste crece. El crecimiento, por sí mismo, no produce un cuerpo organizado.

De acuerdo a lo revisado respecto del funcionamiento de los

seres vivos, es posible diferenciar entre el crecimiento de los distintos niveles jerárquicos de los árboles, lo que permitirá observar el crecimiento de las células, de los tejidos, de los órganos, de las estructuras caulinar y radicular del árbol y del árbol en su totalidad. El hecho de que las células vegetales crezcan por acumulación de agua en su interior sugiere que las acuaporinas participan en el crecimiento celular y, por consiguiente, en el crecimiento de los órganos de las plantas.

Los árboles presentan crecimiento vertical y también crecimiento en diámetro durante toda su vida, asumiendo las formas características de adopta la estructura de cada especie. Algunas de estas formas resultan de una fuerte dominancia apical, como en coníferas; otras, se expresan debido a un riguroso ángulo de ramificación, como ocurre en abetos o álamos y en otros casos debido a un típico crecimiento determinado de muchos ápices, lo que resulta en una copa o corona, como en hayas o encinos. La forma de crecimiento e incluso el plagiotropismo, donde la planta adopta una orientación inclinada a consecuencia de estímulos externos, corresponden a mecanismos que presentan los árboles y que determinan su crecimiento. En la raíz también existe una forma específica en la que se desarrollan las raíces secundarias (Bidwell. 1993).

El mismo autor señala que en el caso del tronco, que posee una importante actividad respiratoria y por lo tanto consume azúcares producidos en la fotosíntesis, aumenta constantemente en tamaño conforme el árbol envejece. Como consecuencia, hay menos azúcar disponible para las raíces, las cuales en período de estrés se desarrollan con menos vigor y absorben menos agua y nutrimentos. Esto resulta en disminución de un crecimiento principal, disminución de dominancia apical, mayor crecimiento lateral y una característica copa aplastada.

En casos de falta de agua por largos períodos de sequía, los árboles abandonan las ramas superiores y desarrollan una copa reducida justo sobre la parte superior del tronco, estrategia que utilizan los árboles para sobrevivir denominada atrincheramiento. En esas condiciones es muy común también que los árboles rebroten desde su base, lo que implica un uso más eficiente de la escasa agua disponible, ya que no tienen que rellenar la porosidad del tronco, sino que los rebrotes se abastecen directamente de la raíz. Cuando se aprecian ramas secas en la parte superior de un árbol es común que se recurra a la poda de estas para "solucionar ese problema", siendo que en la mayoría de los casos se trata de un efecto de la sequía o falta de riego.

Otra mala práctica está relacionada con la estrategia más común que siguen los árboles para reemplazar una rama que ha sido removida, consistente en rebrotar abundantemente en el borde de la herida, con la evidente intención de recobrar el equilibrio que presentaba su estructura para producir su alimento. Es muy común que en horticultura se señale que la presencia de auxinas en el floema es el elemento que induce la cicatrización de la herida, lo que evidentemente es falso: la auxina, según lo que hemos analizado, estimula el crecimiento de meristemas y, por lo tanto, en los lugares en que las ramas se han eliminado genera rebrotes y no callos de cicatrización.

Al respecto Segura (2008) señala que actualmente existen pocas dudas de que las células meristemáticas se diferencian según las posiciones que ocupan, y de que utilizan la comunicación intercelular para verificar estas posiciones. Así, una célula del suspensor puede dar lugar a un embrión, si el embrión propiamente dicho es eliminado. De manera similar, una célula que entra en una nueva zona meristemática se diferencia de acuerdo con su nueva posición.

2.2.4.3. Desarrollo de los árboles

Para que el árbol se desarrolle es necesario que las células se especialicen y lleguen a ser estructuralmente diferentes. El conjunto de cambios que hacen posible la especialización celular se denomina diferenciación. Las células diferenciadas retienen toda la información necesaria para regenerar una planta completa, es decir, son totipotentes (Segura. 2008).

Entonces, podemos afirmar que el conjunto del crecimiento y la diferenciación de las células en tejidos, órganos y organismos se denomina desarrollo o morfogénesis (Díaz de la Guardia. 2004). Como resultado de estos procesos se produce la planta adulta u organismo maduro formado por muchos tipos distintos de tejidos con unas interrelaciones fisiológicas y morfológicas precisas.

El desarrollo de las plantas está afectado por un gran número de sustancias orgánicas que esta es capaz de producir y, el reconocimiento como hormona de cualquiera de estas sustancias depende, en última instancia, de su aislamiento y de la determinación de sus propiedades biológicas y químicas (Segura. 2013).

El mismo autor señala que las hormonas vegetales que constituyen los cinco grupos hormonales clásicos son: auxinas, giberelinas, citoquininas, etileno y ácido abscísico. Sin embargo, en los últimos años, se ha ido aislando una serie de sustancias que también pueden clasificarse como hormonas, entre las cuales se incluyen brasinosteroides, oxilipinas (que incluyen a los jasmonatos), poliaminas, salicilatos, oligopéptidos y óxido nítrico. Así como en el futuro se podrían incorporar nuevas moléculas al listado de fitohormonas conocidas en la actualidad, también podría disponerse de pruebas respecto de la participación directa de las hormonas en la determinación de los destinos celulares específicos. El factor crucial parece ser la comunicación entre células adyacentes a través de los plasmodesmos. De hecho, la inyección de colorantes fluorescentes demuestra que las células meristemáticas de la raíz forman dominios simplásticos, que exhiben un elevado transporte vía plasmodesmos. Sin embargo, a medida que la diferenciación progresa, las capas de tejidos van perdiendo gradualmente sus conexiones simplásticas. Actualmente hay pruebas de la participación de oligopéptidos de carácter hormonal que actúan como señales a corta distancia, y que inhiben o promueven la diferenciación de las células troncales durante el desarrollo de los tallos o del xilema, respectivamente.

Según lo observado, en las plantas, ninguna hormona tiene el control exclusivo de un determinado proceso fisiológico, debido a que las funciones reguladoras de las fitohormonas se sobreponen ampliamente. De hecho, cualquier hormona vegetal ejerce efectos notables sobre la mayoría de las fases del desarrollo de la planta. Así pues, los distintos autores citados aquí sugieren que el control hormonal del desarrollo debe contemplarse desde la perspectiva de una interacción, positiva o negativa, entre los diferentes grupos de hormonas.

Según hemos revisado las fitohormonas tienen múltiples funciones, las que sumadas a las totipontecialidad de las células vegetales, permiten la diferenciación de las células en tejidos y órganos, siendo responsables también de las respuestas que la planta presenta a los estímulos del medio ambiente. Esto pone en duda diversos conceptos utilizados en la actualidad, como por ejemplo el de "yema dormida" o yema epicormica, por dar un ejemplo. Sin duda que se hace necesaria una fuerte difusión respecto de las características de los árboles, de los árboles urbanos, y sus fundamentos y ese es precisamente el lugar donde se sitúa este texto.

2.2.4.4. Ciclo de Vida de los árboles

Los seres vivos atraviesan diversas etapas durante su desarrollo, las que en conjunto se denominan Ciclo Vital o simplemente Ciclo de Vida, proceso en el cual crecen, se desarrollan y mueren. Tal característica se da en todo tipo de organismos, incluso en los microscópicos, observándose con mayor claridad en los organismos superiores que inician su vida con un tamaño muy pequeño y durante su ciclo de vida su crecimiento es muy evidente. El desarrollo se da junto con el crecimiento, pues no es sólo aumento de volumen, sino de cambios en las formas de la apariencia corporal.

De acuerdo a lo señalado al inicio de este apartado, los árboles presentan un Ciclo de Vida en que se distinguen claramente las siguientes etapas: embriogénesis, germinación y plántula, juvenil, adultez o madurez, envejecimiento, veteranización o senescencia. Como ya se ha señalado, es interesante considerar una etapa siguiente que se produce en aquellos árboles cuyos troncos senescentes son capaces de rebrotar desde la base creando una nueva copa. La duración de cada etapa del desarrollo de los árboles depende de la longevidad de cada especie.

Las etapas señaladas se pueden describir de la siguiente forma, a saber: a) germinación (plántula), que de forma natural se inicia cuando la semilla funciona generando los primeros cotiledones, concluyendo cuando la plántula crea las primeras hojas funcionales. No obstante, en árboles urbanos esta etapa se produce en vivero y tiene una duración tal que permita la producción de árboles de calidad. b) la etapa juvenil, en la que el desarrollo del árbol lo prepara para florecer, es decir, activar sus órganos reproductivos. c) a continuación el árbol se convierte en adulto, d) senescencia, etapa del ciclo de vida en que su balance energético le impide realizar ciertas funciones y e) se forman nuevos vástagos que surgen desde la base del tronco y reemplazan a la copa que se ha perdido o se encuentra deteriorada.

Una clasificación realizada por Raimbault (1995 cit. Iñiguez 2007), divide la vida del árbol en diez estadios según su evolución morfológica, en los cuales la fase de plántula se divide en cuatro, la fase joven en tres, la fase adulta es solo una y la fase de senescencia en tres estadios (Iñiguez, G. 20017), los que se describen a continuación: a) a lo largo de las 4 primeras fases, la planta elabora el tronco y la copa temporal, que se desarrolla en modo hipotono bajo una dominancia apical fuerte, b) durante las fases 5 y 6, las ramas que se han hecho independientes se reiteran indefinidamente ramificándose bajo un modo isotono: el árbol elabora su estructura definitiva, c) durante las fases 7 y 8, el árbol mantiene el volumen de su copa, renovando parcialmente sus ramas bajo el modo epitono y d) durante las fases 9 y 10, la copa desciende y el árbol se repliega a posiciones más interiores.

Desarrollo en hipotonía: cuando, como consecuencia de una dominancia apical fuerte, los brotes de la cara inferior de una rama plagiotropa se desarrollan con más fuerza que los de la cara superior. Desarrollo en isotonia: Las yemas son inducidas a brotar según su exposición a la luz y su ubicación sobre el tallo, desaparece la dominancia apical de la copa y de las ramas que han estado hasta entonces bajo inducción hipótona. Desarrollo en epitonía: cuando por debilitamiento o ausencia de dominancia apical, los brotes de la cara superior de una rama plagiotropa se desarrollan con más fuerza que los de la cara inferior

La conceptualización del ciclo de vida del árbol ha sido abordada también adoptando como criterio la acumulación anual de la biomasa a lo largo de toda la vida del árbol, la que decrece a través del ciclo de vida del árbol, siendo definida según el modelo elaborado por Moore (2002), considerando las siguientes fases: 1) fase de asentamiento del árbol. Esta fase consiste en la germinación de la semilla y la elaboración de las primeras ramificaciones del árbol y el establecimiento de las relaciones del árbol con su medio ambiente. La acumulación anual de la biomasa es pequeña. En este modelo un árbol en esta fase se llama árbol juvenil, 2) fase rápida de expansión. El árbol procura captar el máximo espacio para un crecimiento eficaz. La acumulación anual de biomasa es grande. Un árbol en vía de expansión rápida de la copa se llama árbol joven, 3) fase de expansión lenta o de aprovechamiento del espacio capturado en la fase anterior. Esta fase está caracterizada por una ralentización del crecimiento del árbol. El árbol en esta fase se llama árbol adulto, y 4) fase de senescencia. Esta fase constituye el resultado del desarrollo fisiológico y morfológico (arquitectónico) del árbol. Se caracteriza por una disminución neta de la reactividad del árbol, por la aparición de la unidad arquitectónica mínima, y a veces por una reducción de la sexualidad. La acumulación anual de biomasa es pequeña. Este árbol se llama senescente en el modelo de Moore.

También es posible caracterizar las fases que conforman el ciclo de vida del árbol basándose en el comportamiento de su crecimiento secundario (cambial), lo que es medido a través del parámetro diámetro a la altura del pecho (DAP) (Fernández et al.

2007; Courtis, A. 2014). Considerando la facilidad que presenta su medición, este parámetro también ha sido ampliamente utilizado para construir ecuaciones alométricas necesarias para la estimación, por ejemplo, del volumen de carbono que contienen un árbol y para distintas especies (Gómez-Díaz. 2011, Gyenge. 2011). El DAP tiene también una alta correlación con el diámetro de copa (Malleux. 1970). El comportamiento del DAP según la edad se distingue de forma ya que adopta la forma de la curva sigmoidea.

Respecto de la curva sigmoidea, Courtis (2014) señala que esta es análoga a la curva de crecimiento de una población, por lo que coincide tanto con el crecimiento de un individuo como con el crecimiento de un conjunto de individuos. El mismo autor señala que en la curva sigmoidea es posible diferenciar tres fases, las que presentan diferentes velocidades de crecimiento: fase exponencial, fase lineal y fase de senescencia, las que se describen a continuación:

1- **Fase exponencial**. En esta fase, la velocidad de crecimiento (aumento de tamaño por unidad de tiempo) es lenta al comienzo (plántula y vivero), aparentemente debido a la existencia de un número bajo de células en división. En las plantas superiores, esta fase exponencial se presenta para el aumento en peso durante las primeras etapas del crecimiento, es decir, cuando la relación entre las áreas meristemáticas y el resto del cuerpo del vegetal es alta.

2- **Fase lineal**. Su principal característica radica en que a períodos iguales de tiempo corresponden aumentos iguales de crecimiento, en forma independiente del tamaño del sistema considerado. Se presenta en los aumentos en longitud, volumen, peso, etc., de estructuras cilíndricas en las que las áreas meristemáticas permanecen constantes en tamaño.

3- **Fase de Senescencia**. En esta fase se desacelera el crecimiento y en su transcurso el sistema se vuelve cada vez menos efectivo hasta que cesa totalmente. En algunas especies la fase lineal no se detecta, en cuyo caso las fases exponencial y de senescencia son casi continuas. En especies muy longevas es muy frecuente observar curvas de crecimiento con la fase lineal más amplia.

El ciclo de vida del árbol como individuo ha sido ampliamente estudiado, de tal forma que se pueden establecer claramente los momentos en que se transita de una etapa a otra, incluida la duración de cada etapa. Pero si utilizamos exclusivamente el criterio biológico para determinar la fase en que se encuentra un árbol, en donde, por ejemplo, la etapa juvenil concluye con la activación de los órganos reproductores del individuo, podríamos tener una seria complicación, por ej., con árboles de estructura muy frágil o con estrés (hídrico o de otro tipo) que comienzan a producir flores y frutos muy tempranamente.

2.2.4.5. La relación del árbol con las distintas formas de vida

Pensemos un poco en el rol del árbol en un bosque como sostenedor de la biodiversidad que allí existe. Podríamos decir que en la medida que un árbol alcanza un mayor tamaño, es mayor la diversidad y cantidad de otras especies que es capaz de albergar, la diversidad de especies con las que se puede comunicar, por ejemplo alimentando a otros árboles por medio de sus raíces y conexiones micorrícicas, proporcionando un hogar sobre sus ramas a aves, primates y otras especies, proporcionando alimento con sus flores y frutos, entre tantas otras situaciones que se pueden describir. Entonces estamos próximos a cambiar nuestro enfoque respecto de cuáles son las etapas del ciclo del árbol, considerando ahora su relación ecosistémica con su entorno, algo que sin duda favorece al árbol también.

Podríamos estar llegando a un nuevo acuerdo respecto de cuando un árbol alcanza la adultez, lo que podría estar relacionado con la plenitud de su desarrollo orgánico en relación a la biodiversidad presente en el ecosistema en que se encuentra, sea que se trate de un bosque, una plantación industrial, un área verde o árboles plantados en hilera en la acera de una calle.

En este contexto la fase juvenil del árbol es bastante más larga que aquella que se interrumpe con el comienzo de su capacidad de reproducirse, ya que tiene relación con su desarrollo para alcanzar un cierto umbral de relaciones con las especies de su entorno. Podríamos estar refiriéndonos a la capacidad del árbol para dar cobijo a otros ejemplares de su misma especie o de distintas especies, momento en que concluye la etapa juvenil y se hace adulto. Este planteamiento es de vital importancia en el caso de árboles urbanos, donde es necesario mantener el manejo en la etapa juvenil del árbol para fortalecer su estructura, sobre todo aquellos árboles longevos que necesitan un tiempo mayor para desarrollarse.

Este nuevo concepto nos aleja de un enfoque individualista que se aplica con frecuencia a la sociedad humana y por defecto transferimos a los demás seres vivos. Quizás en la antigüedad por falta de conocimientos al respecto no era posible hacer un planteamiento similar, pero desde que, por ejemplo, los árboles se comunican entre sí bajo el suelo, que sabemos que los árboles también se comunican entre si por medio de señales químicas dispersadas en el aire, que también se comunican con otras especies arbóreas y animales, etc. es que tenemos las herramientas para enfrentar este nuevo desafío.

Otros ejemplos de lo señalado se presentan a continuación:

a) Al respecto Carlos Rodríguez, biólogo de la Universidad de Los Andes, señala que cada árbol del bosque tropical de la Amazonía, tiene como mínimo 50 relaciones ecológicas con insectos, aves, mamíferos, microorganismos, suelo y agua, por nombrar algunas (Rodríguez. 2019).

b) Las doctoras Victoria Novas y Cecilia Carmarán, de la Universidad de Buenos Aires, que estudian a los hongos endófitos, señalan que "estos organismos tienen la particularidad de desarrollar todo o parte de su ciclo de vida dentro de las diferentes estructuras de los árboles, a saber: madera, hojas, flores, etc., sin causar síntomas aparentes". Agregan que "los endófitos de árboles en particular, son considerados hot spots de la diversidad, por la gran cantidad de especies que un solo árbol puede albergar" (Olivella. 2013).

c) En una investigación detallada donde se evaluaron todos los estratos verticales de un bosque tropical en Panamá, en un área cercana a un tercio del tamaño de la Ciudad de México, los biólogos hallaron más de 6.000 especies de artrópodos, conformados por insectos y arañas principalmente, y aproximadamente el 70% de estas especies eran nuevas para la ciencia (Antoniazzi y Dáttilo. 2020.).

d) Un estudio sobre aves realizado en Santiago de Chile registró 35 especies de aves (31 nativas y 4 exóticas) en 905 conteos realizados. La abundancia de aves nativas (tórtola, fío-fío, chercán, zorzal, chincol y mirlo) aumentó con la cobertura de vegetación leñosa. Puntos con mayor cobertura arbustiva en el microhábitat exhibieron una mayor abundancia de zorzal, chincol y fío-fío. Opuesto a la respuesta de las aves nativas, la abundancia de las especies exóticas (paloma y gorrión) disminuyó con el aumento de la vegetación (Benito, Escobar y Villaseñor. 2019).

e) Un estudio realizado por Barrico et al. (2017) en que se consideran jardines públicos y bosques remanentes se identificaron 252 taxones de plantas vasculares de los cuales el 58% eran nativas y el 42% exóticas, encontrándose que los taxones nativos tenían mayor riqueza de especies y de porcentaje de cobertura, siendo más altos en los bosques que en los jardines. Los índices generales de diversidad fueron similares en ambas tipologías de espacios verdes, aunque la composición de las comunidades vegetales en las dos tipologías de espacios verdes eran distintas. Los bosques remanentes albergan taxones de plantas con altos valores ecológicos y de conservación y los jardines tienen mayor porcentaje de especies exóticas.

f) Bray y Wickings (2019) al investigar el papel de los invertebrados en el suelo urbano, señalan que las comunidades de invertebrados en suelos urbanos pueden ser taxonómicamente y funcionalmente ricas, conteniendo detritívoros, microbívoros, depredadores e ingenieros de ecosistemas. Respecto de su función destacan que como promotores de relaciones simbióticas beneficiosas y su rol de agentes de dispersión en suelos urbanos éstos pueden proporcionar un servicio ecosistémico único, particularmente en suelos recién establecidos. En particular, señalan que el transporte de microorganismos por invertebrados no se limita a microorganismos simbióticos beneficiosos, ya que los invertebrados pueden transportar otros organismos como semillas y patógenos de plantas. Para los autores es importante incorporar en la clasificación de los suelos urbanos los diversos impactos de las actividades humanas, incluida la alteración física y la redistribución de la matriz del suelo, y la modificación química del suelo por contaminantes y otros insumos.

Los ejemplos que se señalan respecto de la biodiversidad asociada a árboles urbanos, indican que esta es bastante menor en número que la que es posible encontrar en un bosque, sobre todo en climas mediterráneos o en regiones semiáridas, lo que no implica necesariamente que la biodiversidad asociada a los árboles en las ciudades no sea importante.

Parte importante del ambiente que rodea a los árboles urbanos reside en los microbiomas, que corresponden al conjunto de microorganismos que habita un lugar, en forma organizada, en comunidades complejas formadas por hongos, bacterias y arqueas, incluyendo una gran diversidad acorde a las diversas funciones que cumplen estos organismos en el sistema. Con respecto al suelo, los integrantes del microbioma lo habitan de a miles de millones de individuos por gramo de suelo: en 1 gramo de suelo se estima que viven unos 10 mil millones de procariotes (organismos unicelulares formados por células sin núcleo) que son las Bacterias y las Arqueas, los organismos más pequeños que se conocen. En 1 gramo de suelo hay también unos 200 metros de filamentos de Hongos y Micorrizas y entre 10 mil y 10 mil millones de protistas, los seres vivos unicelulares eucariotes (organismos formados por células con núcleo) más pequeños que se conocen (Wall. 2019).

Este mismo autor señala que la construcción de hábitat microbiano determina la estructura física básica de los suelos, donde los micro agregados resistentes al agua (fracciones que van de los 2 a los 250 mm) o macro agregados (fracciones de 250-2000 mm), se construyen dependiendo de la diversidad de bacterias y hongos que existen en el suelo. Luego las lombrices y otros pequeños animales del suelo, considerados ingenieros del suelo, hacen el resto del trabajo. Pero la estructura básica sobre la que se arma todo el lote depende de las bacterias y los hongos del suelo. Consideremos además que tan solo el 1% de los microorganismos del suelo son cultivables en laboratorio, es decir, que es necesario buscar el modo de estudiar el 99% de estos microorganismos que falta por conocer.

Una investigación realizada con muestras bacterianas de 57 de las más de 450 especies de árboles que crecen en un bosque tropical de tierras bajas en la isla Barro Colorado, Panamá, encontró que algunas bacterias eran muy abundantes y estaban presentes en todas las hojas del bosque, mientras que otras eran raras y solo se encuentran en las hojas de una única especie huésped. Este antecedente indica que cada especie arbórea estudiada poseía una comunidad distintiva de bacterias en sus hojas: la filósfera. Pequeñas muestras de hojas de un solo árbol son el hogar de más de 400 tipos distintos de bacterias. La muestra de hojas de 57 especies de árboles contenía más de 7.000 tipos diferentes de microbios. Algunas bacterias pueden estar relacionadas con el crecimiento, la mortalidad o la función del huésped, sea por fijación de nitrógeno y el consumo de metano o por estar relacionadas con el suelo y el agua. Otro de los resultados obtenidos apunta a que dominando las comunidades bacterianas se encontraba un microbioma central de taxones que incluían Actinobacteria, Alpha-, Beta- y Gamma-Proteobacteria y Sphingobacteria (Kembel et al. 2014; STRI/DICYT. 2014).

Estos autores señalan que algunos tipos de bacterias eran más abundantes cuando crecían en las hojas de especies de árboles de crecimiento rápido o lento, o en hojas con diferentes concentraciones de elementos como nitrógeno o fósforo, lo que proporciona una comprensión comparable de los atributos del huésped que explican los patrones de diversidad microbiana en el microbioma de la planta. Muchas bacterias se asociaron con ciertos rasgos funcionales tales como el grosor de la hoja, la densidad de la madera o el contenido de nitrógeno foliar, características que inciden directamente en el crecimiento del árbol, la supervivencia y la reproducción. Las bacterias en los bosques tropicales también pueden desempeñar un papel vital, protegiendo las hojas contra patógenos e incluso afectando la capacidad de los bosques para responder al cambio climático.

Un estudio realizado por Doty et al. (2016) que tuvo por objetivo general la evaluación de la fijación de N_2 en el álamo negro ribereño nativo (Populus trichocarpa) tomado de su entorno natural, demostró de forma directa que la fijación de N_2 es posible dentro de los álamos silvestres, correspondiendo a la primera demostración de que existe una población microbiana diazotrófica (Bacterias que hacen fijación de nitrógeno atmosférico en una forma más disponible como es el amonio) variada dentro de secciones individuales de álamo. Los autores señalan que se necesitan más estudios para localizar en planta endófitos diazotróficos activos y la dinámica de la transferencia de nitrógeno entre estos socios potencialmente simbióticos. La variación en la fijación de N_2 entre diferentes esquejes del mismo árbol alude a la intrigante posibilidad de que existan requisitos sociales microbianos que limiten la fijación efectiva de N_2 a grupos particulares dentro de la planta, que hayan alcanzado un umbral de densidad o composición de especies diazotróficas. También se atiende a la posibilidad de que existan en el árbol distintos nichos para este tipo de bacteria, sea en ramas, nudos u otro.

Un estudio similar al anterior dirigido a la identificación de microorganismos en dos especies de guayacán, realizado por Llacsa, L. (2016), logró identificar 18 bacterias de 8 géneros distintos y 13 hongos de 6 géneros distintos asociados a la rizósfera y filósfera de Tabebuia chrysantha, así como 15 bacterias de 7 géneros distintos y 5 hongos de 4 géneros distintos asociados a la rizósfera y filósfera de Tabebuia billbergii. Las bacterias asociadas a la rizósfera de ambas especies arbóreas pertenecen a los fila Firmicutes y Proteobacteria, siendo los géneros comunes a ambas especies Bacillus, Pseudomonas, Enterobacter y Acinetobacter. Asimismo los hongos asociados pertenecen a los Ascomycota y Zydomycota. Refiriéndose a trabajos anteriores los mismos autores señalan que se ha logrado estudiar diversos árboles de los géneros Pinus, Eucaliptus, Acacia, Prosopis, entre otros, enfocándose en el análisis de las comunidades bacterianas y fúngicas asociadas a la rizosfera y filosfera, algunos de los cuales son promotores del crecimiento pudiendo encontrarse en casi todos los nichos ecológicos en interrelación con la planta hospedera, sea de tipo endófita o de tipo epífita, simbiontes o patógenos, caracterizándose los organismos endófitos por no causar enfermedad o inducir la formación de estructuras simbióticas.

Con respecto a la composición de las comunidades bacterianas de las hojas de los árboles del medio urbano Laforest (2017) señala que está determinada principalmente por la identidad de las especies hospedadoras. También la diversidad de las comunidades bacterianas de las hojas de los árboles aumenta con la intensidad urbana. El índice de gradiente urbano utilizado para medir la intensidad urbana corresponde a una combinación de parámetros como densidad de población, áreas edificadas, acceso vial, uso del paisaje e infraestructura de energía eléctrica.

Un análisis de las comunidades de bacterias, hongos y hormigas en pequeñas carreteras (área promedio 0,0008 km 2) y parques más grandes (área promedio 0,64 km 2) en Manhattan, Nueva York, realizado por Reese et al. (2016) demostró que la riqueza de especies bacterianas no fue significativamente diferente entre las medianas y los parques, pero la composición de la comunidad fue significativamente distinta. En contraste, las comunidades de hormigas diferían tanto en composición como en riqueza con menos especies de hormigas en las medianas que en los parques. Los hongos no mostraron variaciones significativas en composición o riqueza, pero tenían pocos taxones compartidos entre hábitats o sitios. La diversidad y composición de los microbios parece menos sensible a la irregularidad del hábitat o al estrés urbano que los de los macroorganismos. Por este motivo los autores señalan que los microbios y sus servicios y funciones ecosistémicos asociados pueden ser más resistentes a los efectos negativos de la urbanización de lo que se había apreciado anteriormente.

Una investigación realizada por Mills et al. (2020) respecto de la diversidad microbiana y composición vegetal urbana en distintos sitios, como espacios verdes urbanos y bosques urbanos revegetados con diferente diversidad de vegetación (céspedes, lotes baldíos, parques, y bosques remanentes), encontró que en todos los sitios considerados las microbiotas del suelo en los espacios verdes urbanos revegetados eran similares a las microbiotas de los bosques remanentes y diferían mucho de los céspedes y los lotes baldíos.

Los mismos autores señalan la importancia que tienen estos resultados al momento de planificar las ciudades ya que la regeneración del microbioma podría servir como mecanismo para aumentar la exposición urbana a la biodiversidad; la biodiversidad podría introducir especies de microbiota o diversidad funcional para mejorar el entrenamiento y la regulación inmunológica en poblaciones urbanas, sobre todo considerando el aumento a nivel mundial de enfermedades no transmisibles relacionadas con la diversidad degradada de la microbiota humana y ambiental.

Todos los resultados provenientes de diversas investigaciones y autores que se han señalado en este apartado nos indican la diversidad de las múltiples formas de vida que coexisten con el árbol, sea que este se encuentre en un bosque, fuera de un bosque o se desarrolle en la platabanda de una acera en la ciudad. En este contexto el árbol adopta el rol de ser quien se relaciona con las demás formas de vida que existen en el ecosistema donde vive, lo que en la ciudad incluye a los seres humanos y su fauna asociada, representando de esta forma al Árbol de la Vida.

Si nos hemos concentrado en esta lectura nos daremos cuenta que el árbol urbano, quizás más que ningún otro hábito biológico que en las urbes pueda existir, alcanza a albergar la mayor cantidad de biodiversidad cuando es cuidado, cuando gracias al manejo que el ser humano pueda hacer en el, los seres de hábito arbóreo alcanzan el mayor y mejor desarrollo posible: el desarrollo propio del Árbol de la Vida.

2. 2. 5. Los seres vivos presentan movimiento

El movimiento, aunque no necesariamente la locomoción (el desplazamiento de un lugar a otro), es una característica de los seres vivos. El movimiento de casi todos los animales es muy obvio: se agitan, reptan, nadan, corren o vuelan, aunque existen animales que no se desplazan, como por ejemplo los corales, ciertos bivalvos, las esponjas, briozoos, braquiópodos etc., los que crecen adheridos al sustrato y no se separan de él.

Los movimientos de las plantas son mucho más lentos y menos obvios, pero no por ello dejan de existir. El movimiento es una característica que permite a los árboles y plantas en general resolver problemas relacionados con la posibilidad de incrementar la cantidad de luz que les llega o la cantidad de agua que puedan absorber, lo que implica el cambio en el centro de gravedad y del equilibrio general del árbol.

Si bien los árboles presentan solo algunos tipos de movimientos, en este apartado se abordarán todos los tipos de movimientos conocidos presentados por las plantas en general. Los movimientos de las plantas más conocidos son tropismos y nastias. A continuación una definición de cada uno de ellos:

2.2.5.1.- Tropismo

Corresponde a la curvatura de un órgano vegetal inducida por un gradiente de luz o respecto a la dirección de la fuerza gravitacional. Se caracterizan porque generan una respuesta de la planta que es permanente. El fototropismo se activa mediante receptores llamados fototropinas que activan la hormona vegetal auxina. El geotropismo se produce por la presencia de amiloplastos en células, las que al cambiar de posición producen una descompensación.

Las fitohormonas tienen un papel importante en la expresión de tropismos. A modo de ejemplo señalar que la necesaria presencia de auxinas en coleoptilos cortados a fin de observar la curvatura fototrópica, llevó a postular que había una transferencia de electrones, empujada por la luz, hacia la molécula de auxina, para formar un compuesto que bloquearía el transporte de ésta en el lado iluminado, provocando un gradiente de concentración, con mayor cantidad en el lado oscuro. La teoría de Cholodny-Went propuso que la curvatura en el coleoptilo era iniciada por el transporte longitudinal y lateral que llevaba finalmente a la distribución asimétrica de auxinas, específicamente AIA, y provocaría el crecimiento diferencial (Raya. 2003).

La luz del sol tiene un efecto importante en el crecimiento en altura del árbol (fototropismo). Cuando germina la semilla y se produce fotosíntesis en los cotiledones y en las hojas de la plántula que emerge desde el suelo, el tallo crece menos en longitud y más en grosor. Dependiendo de la cantidad de luz que llegue a la planta es el crecimiento que presente el tallo, sea que se trate de plántulas o plantas mayores. Los árboles plantados a alta densidad tienen un mayor crecimiento longitudinal con tallos más rectos y menos ramificaciones, porque reciben menos luz. Esto ocurre porque al árbol le falta dosis y proporción adecuada de luz (Hernández. 2001).

Los principales tipos de tropismos son:

Geotropismo: Las plantas pueden sentir la gravedad y tienen un mecanismo para responder a ella. Esta no se percibe a través de toda la planta. La cofia de la raíz o pilorriza parece ser el área de percepción de la raíz; si se cortan las puntas de la raíz no hay reacción geotrópica. De modo similar el ápice del tallo es esencial para la respuesta geotrópica del tallo. Las plantas pueden crecer hacia arriba (geotropismo negativo), opuesto a la dirección de la fuerza de la gravitación) o hacia abajo (geotropismo positivo), horizontalmente en ángulo recto a la gravedad (diageotropismo), o en algún otro ángulo fijo con respecto a la vertical (plagiotropismo).

Fototropismo: Los tallos presentan fototropismo positivo y las raíces negativo, mientras que las hojas y ramas tienen plagiotropismo. Si el órgano que se mueve lo hace en la misma dirección que el estímulo, se denomina ortotropismo, y si lo hace con cierta inclinación, plagiotropismo. Las investigaciones en esta materia se han realizado utilizando coleóptilos, que es una estructura característica del embrión de la familia de las gramíneas, el cual es en realidad una primera hoja modificada, de tal modo que forma una caperuza cerrada sobre las hojas siguientes y el meristema apical. Si un coleóptilo se ilumina por un lado, ocurre una distribución asimétrica de la auxina, de modo que se acumula en el lado oscurecido de aquel. El que haya más auxina causa que dicho lado se alargue más que el lado iluminado y el crecimiento asimétrico hace que el coleóptilo se curve hacia la luz.

Plagiotropismo: al parecer está controlado por el tallo principal, ya que si éste o una rama en una bifurcación se remueven, la rama adyacente usualmente se reorienta por sí sola mediante movimiento de orientación y respuesta geotrópica. Sin embargo, una vez establecido el plagiotropismo en algunas especies de árboles, aparentemente se conserva sin la influencia adicional del tallo principal, puesto que la rama continúa con su característico ángulo de crecimiento aun después que el tallo se ha desarrollado hasta una gran distancia. En ciertas especies el plagiotropismo se establece tan firmemente que una rama que arraiga continuará creciendo en el ángulo establecido en el árbol del cual fue removida (Bidwell. 1993).

Tigmotropismo: La reacción de una parte de la planta al estímulo del tacto, como por ejemplo un zarcillo, se llama tigmotropismo si la reacción es de tipo direccional y tigmonastia si no lo es. Al parecer los zarcillos son capaces de distinguir superficies, pues responden con mucho mayor efectividad a las rugosas o ásperas que a las lisas o suaves. La respuesta es rápida y puede involucrar parcialmente cambios en turgencia produciéndose contracciones o expansiones celulares diferenciales en lados opuestos del órgano. Pero también toma parte cierto crecimiento diferencial y muchas respuestas tigmotrópicas son movimientos permanentes o de crecimiento. Las respuestas rápidas de los zarcillos probablemente se llevan a cabo por movimientos de electrolitos o sales.

2.2.5.2- Nastias

Corresponden a una serie de movimientos de órganos, los que son inducidos por estímulos ambientales no direccionales. La planta responde al estímulo de forma temporal que después de horas se revierten. Se basan en procesos de crecimiento o en el cambio de turgencia de grupos de células que varían su volumen.

Muchos de los movimientos násticos dependen de la existencia de un órgano particular: el pulvínulo. Los pulvínulos son órganos motores especializados ubicados en la base de los pecíolos de las hojas simples, y pecíolos y foliolos en hojas compuestas. Anatómicamente hablando, se componen de un cilindro central, rodeado por capas de colénquima, y una zona cortical motora que posee células parenquimáticas susceptibles a cambios de tamaño y forma. Las células de la corteza pulvinular que cambian de tamaño y forma se conocen como células motoras, entre las que se distinguen las células motoras extensoras y las flexoras. Normalmente el movimiento de estas depende de cambios de turgencia debidos a la entrada y/o salida del agua del protoplasto. Tales cambios de turgencia se dan por el movimiento de agua que depende del movimiento intracelular de iones como el K^+ y el Cl^-, el malato y otros aniones. El K^+ ingresa a las células motoras por un aumento en la carga negativa en la cara interna de la membrana citoplasmática, que se consigue por medio de la acción de ATPasas encargadas de expulsar protones del citoplasma (Parada. 2020).

Los distintos tipos de nastias se presentan a continuación:

Epinastia: La epinastia es el encorvamiento hacia abajo que ocurre comúnmente en los pecíolos y permite que las hojas tomen una posición tal que sus ápices se inclinan hacia el suelo más que hacia arriba. Se causa porque se transportan diferentes cantidades de auxina del limbo de la hoja hacia los lados superior e inferior del pecíolo lo que provoca un crecimiento diferencial encorvándose el pecíolo. Muchas respuestas del desarrollo (por ejemplo la apertura de la flor, el desenrollamiento de las frondas de los helechos) son respuestas epinásticas. Es una respuesta común al tratamiento con exceso de auxina o con etileno. El efecto inverso, denominado hiponastia, puede ser inducido por aplicación de ácido giberélico.

Termonastia: Algunas plantas muestran movimientos repetidos de apertura y cierre de las flores en respuesta a los cambios de temperatura. La respuesta es de alta sensibilidad y se ha notado que sigue a un cambio de temperatura de tan sólo una fracción de grado. A pesar de su reversibilidad estos movimientos termonásticos son movimientos permanentes de crecimiento que resultan de un crecimiento diferencial entre los tejidos superiores e inferiores de la flor.

Nictinastia: Las hojas de muchas plantas sufren movimientos de dormición, un rítmico abrir de las hojas por la mañana y cerrar o bajar al anochecer, llamado nictinastia. Se produce por un movimiento apreciable de iones de potasio del lado superior del pulvinus al inferior y viceversa. El movimiento de los iones de potasio causa un gran cambio en el potencial osmótico de las células motrices del pulvinus determinando que las hojas estén erguidas o caídas. Los movimientos de dormición de muchas hojas continúan regularmente por un periodo de días aunque la planta se mantenga bajo condiciones constantes. Esto significa que la nictinastia en las plantas intactas guarda sus fases y su horario por un ritmo interno, lo cual indica que la respuesta está mediada por el fitocromo.

Seismonastia: seismonastia significa respuesta a la agitación. Diversas plantas, de las que la sensitiva Mimosa pudica es el mejor ejemplo, responden cuando se les toca o se les sopla, cerrando los folíolos y bajando las hojas. Su respuesta es muy rápida, pudiendo empezar 0.1 de segundo posterior a la estimulación y completarse en pocos segundos. Estas plantas responden a una variedad de estímulos, además del tacto o maltrato mecánico, incluyendo calor y estimulación eléctrica o química. Otra peculiaridad es la propagación del estímulo. No reacciona tan sólo la hoja o el folíolo estimulado, sino casi toda o toda la planta. La reacción se generaliza hacia arriba o hacia abajo de la planta muy rápidamente, a tasas de 40 a 50 cm/seg. Cuando una planta sensitiva reacciona al tacto o maltrato, los pulvinus sufren dos clases de reacciones; en los folíolos los lados superiores se encogen de modo que aquéllos se cierran hacia arriba; en los pecíolos los lados inferiores se contraen de modo que toda la hoja se inclina. En cualquier caso la reacción sigue a una rápida eyección o pérdida de agua que las células motrices ceden a los espacios intercelulares.

Trampas: Varias plantas insectívoras están equipadas con trampas que reaccionan con rapidez suficiente para atrapar insectos vivos. Son interesantes porque combinan los rápidos movimientos de la sensitiva con un disparador especial que acciona a la trampa. La "vejiguilla" o utricularia sp tiene pequeñas vejiguillas con un ingenioso sistema de atrapamiento. Cuando un insecto pequeño u otro organismo nada hacia la vejiga, toca un pelo disparador y el orificio de entrada de la vejiga rápidamente se abre hacia dentro; el insecto es arrastrado hacia dentro por el movimiento de apertura y por el agua que entra por el orificio de la vejiga cuyo interior está bajo presión.

Movimientos foliares rápidos. Además de los movimientos de dormición, epinastia y otras respuestas similares, las partes de una planta están en constante movimiento. La filmación en cámara rápida, muestra un constante torcimiento y temblor de las hojas. Se ha demostrado que las hojas del frijol sufren movimientos de rotación que levantan o bajan los bordes hasta 2 cm. Estos movimientos son periódicos con un ciclo algo menor a una hora y ocurren solamente durante el día cuando la hoja no está en posición durmiente. Además, la hoja ondula arriba y abajo en un ángulo de unos 10" en un periodo aproximado de 1 hora. Estos movimientos se sobreponen a los normales, nictinásticos.

Nutación: Generalmente se piensa que las plantas crecen mas o menos" derechas hacia arriba", pero la proyección a ritmo rápido muestra que el ápice del tallo describe una espiral continua, pues se inclina de uno a otro lado conforme va creciendo. Tales movimientos se llaman nutaciones. La amplitud de la nutación varía de casi cero hasta 1.50 m según observó Charles Darwin en la Ceropegia gurdnerii, una especie de la familia Asclepiadaceae. La tasa de la nutación varía de un ciclo al día hasta un ciclo por hora y es sensible a la temperatura. Muchos zarcillos ondulan alrededor de modo sorprendente; quizás esto aumenta la oportunidad de hacer contacto con un soporte potencial.

2.2.5.3. Ritmos circadianos

Son cambios en las funciones biológicas del organismo con una periodicidad constante, cercana a unas 24 horas. Ejemplos de ritmos circadianos son la apertura de pétalos o cambios en la posición de las hojas según las horas del día, donde los principales factores asociados son la luz del sol y la temperatura.

Otro tipo de movimiento es el de **ciclosis**, que corresponde al flujo de material vivo que ocurre en el interior de las células de las hojas de las plantas (Meloni. 2015).

2. 2. 6. Los seres vivos se reproducen utilizando una huella mo-

lecular llamada ADN. (autoreplicación)

Uno de los principios fundamentales de la Biología es que toda forma de vida proviene exclusivamente de otro ser vivo, a través de su capacidad de autorreproducirse, de transmitir información genética a su descendencia, generando nuevos seres vivos con sus mismas características. Esta capacidad permite a los seres vivos perpetuarse en el tiempo, asegurando siempre la aparición de nuevas generaciones.

La diversidad de los seres vivos ocurre porque los descendientes, aunque provienen del material genético proporcionado por los padres, no son réplicas exactas de sus progenitores. Los mecanismos por medio de los cuales los rasgos pasan de una generación a la siguiente, valiéndose de una huella genética contenida en moléculas de ADN, produce estos descendientes variables. Estos mecanismos son: la evolución natural y la deriva genética, lo que significa la acumulación de cambios a lo largo de las generaciones o por pérdida de alelos por azar debido a la aleatoriedad de la reproducción.

Se conocen dos tipos de reproducción: asexual y sexual. En la reproducción asexual siempre participa un solo progenitor, el cual se divide, germina o fragmenta para formar dos o más descendientes. La reproducción sexual requiere de la participación de células reproductoras llamadas gametos. El gameto femenino y el masculino se unen formando una célula llamada cigoto a partir de la cual se formará un nuevo individuo.

Las plantas espermatófitas o fanerogamas se dividen en gimnospermas y angiospermas. En las gimnospermas el grano de polen es dispersado por el viento y se deposita en las brácteas de los conos femeninos. En las angiospermas o plantas con flores la polinización es la llegada del polen al estigma, donde el tubo polínico con sus dos gametos masculinos constituye el gametofito masculino maduro. El tubo polínico lleva consigo las 2 células espermáticas, para penetrar el saco embrionario. Una célula espermática fertiliza el huevo. La otra célula espermática se fusiona con la célula madre del endospermo, para formar una célula triploide (3n), la que origina un endospermo triploide (Rojas, J. 2012).

Los cromosomas a su vez están formados por genes, siendo este último la unidad molecular de la herencia genética, pues almacena la información genética y permite transmitirla a la descendencia. Los genes se hallan dispuestos en un orden fijo a lo largo de un cromosoma. A modo de ejemplo señalar que un virus tiene 250 genes; una bacteria, 3.000; un hongo tiene 6.000; una mosca, 12.000; los humanos, 25.000 y las plantas tienen alrededor de 50.000 genes (Castillo. 2011).

Los investigadores piensan que las plantas tienen más genes que los animales porque la diversidad de las proteínas que son capaces de producir depende de la duplicación de los genes. Un ejemplo de lo señalado radica en la planta Arabidopsis thaliana cuyo mapa genético está conformado por 25.498 genes identificados, los que codifican proteínas de 11.000 familias (Wikipedia a). 2020). Una familia de proteínas es un grupo de proteínas relacionadas evolutivamente, y con frecuencia es prácticamente un sinónimo de familia génica (Wikipedia b). 2020).

La información génica cifrada en la secuencia de nucleótidos contenidos en la estructura del ADN es ilimitada y los mecanismos que por medio de las moléculas del ARN traducen el lenguaje genético del ADN a uno bioquímico, en forma de proteínas, incrementan aún más el número de estructuras y funciones posibles, las que han dado lugar a la casi increíble variabilidad que existe en el mundo viviente. La interacción entre los ácidos nucleicos y las proteínas es un mecanismo que permite interactuar con el ambiente y brinda aún más opciones de variabilidad regulando la expresión de los genes. (De la Peña y Loyola. 2017).

Los mismos autores señalan que estos mecanismos de interacción entre las proteínas y el ADN incrementan aún más las posibilidades de variación y explican cambios más duraderos que pueden, inclusive, ser heredados. Estos cambios no son genéticos, ya que no alteran la información genética contenida en la secuencia de bases del ADN, sino tan solo la modifican pegando o quitando grupos químicos a las bases del ADN o a las proteínas que lo envuelven formando la cromatina, es decir, son modificaciones epigenéticas.

Siguiendo con el mismo planteamiento De la Peña y Loyola (2017) definen a la epigenética como todos aquellos mecanismos que se encuentran sobre la genética, y se refieren a que no dependen de las mutaciones de los genes sino de las modificaciones que sufre la cromatina de estos. Entonces, el fenotipo ya no es la suma del genotipo y el medio ambiente; ahora el fenotipo es la suma del genotipo, el epigenotipo y el medio ambiente. A modo de ejemplo de fenómenos que no se heredan de manera mendeliana, es decir que son epigenéticos, se mencionan: la variación del crecimiento embrionario, la coloración estilo mosaico de las flores de las petunias o la inactivación del cromosoma X en mamíferos.

Lo señalado es posible debido a que los genes no siempre se expresan invariablemente con las instrucciones que tienen en su secuencia, sino que son regulados como un interruptor que se apaga y se enciende, lo que se denomina metilaciones (Montoliu. 2020), las que dependen de los alimentos que consumimos, el ejercicio que realizamos y el medio ambiente al que estamos expuestos y que nos afecta directamente y a nuestra descendencia. En la actualidad, la tecnología ha evolucionado a tal punto que por medio de técnicas moleculares es posible apagar o encender un gen particular para estudiar su papel en el metabolismo. Lo señalado es aplicable a animales y a plantas.

En la biosíntesis de las proteínas juegan un papel importante los ribosomas, y el entendimiento de este proceso complejo a nivel molecular requiere de un detallado conocimiento de su estructura. Los ribosomas son moléculas que funcionan como enzimas (catalizadores biológicos) pero están compuestas de ácido ribonucleico (ARN) en lugar de proteína. En todos los organismos la transcripción del ADN en ácido ribonucleico mensajero (ARNm) la realiza el ácido ribonucleico polimerasa y la traducción de los ARNm se lleva a cabo en los ribosomas.

Es posible que esta sea la cualidad que menor utilidad práctica tenga en el día a día de la gestión de árboles urbanos, pero no es posible soslayarla debido a los efectos que tiene la escasez crónica de alimentos y agua que afecta al árbol urbano, donde, por ejemplo destaca la falta de nitrógeno, que es un constituyente importante de la molécula de clorofila, ácidos nucleicos y proteínas. Es decir, los árboles tienen mecanismos que se activan frente a los fenómenos de escasez que les afectan, los que de alguna forma pueden ser pasadas esas características a su descendencia. Es usual que no se conozca el origen de las semillas que se utilizan para producir árboles urbanos, siendo este uno de los muchos aspectos que en esta materia han sido descuidados, lo que lleva a que se produzcan árboles con semillas provenientes de medios rurales que presentan características poco deseables para el medio urbano.

2. 2. 7.- Los seres vivos tienen un genotipo y un fenotipo

Los seres vivos presentan un dualismo que surge del hecho de que poseen un genotipo y un fenotipo. El genotipo constituye el total de la información genética de un individuo y el fenotipo, la totalidad de características de un individuo, resultado de la interacción del genotipo, con el epigenotipo y con el ambiente. Para entender el genotipo se necesitan explicaciones evolutivas y para la comprensión del fenotipo se requieren explicaciones funcionales.

El fenotipo de las plantas es estudiado por la disciplina denominada morfología de las plantas. La expresión física de los árboles están conformados por tres componentes principales: raíz, tronco y copa. La raíz está conformada por una raíz principal y raíces secundarias o laterales. El tronco está conformado por corteza, floema y xilema; la copa está conformada por ramas principales, ramas secundarias, ramillas y hojas.

Al inicio de este texto desarrollamos el contenido necesario para explicar que “los seres vivos tienen una estructura organizada compleja”, donde se describió su morfología, es decir, la estructura radicular y caulinar de los árboles. En específico se puede señalar que el fenotipo de los árboles se expresa en las características principales del árbol, a saber: raíz, tronco y copa. En las características de sus partes como son las hojas, flores, frutos, corteza. También el fenotipo de los árboles se expresa en sus características anatómicas, a nivel de órganos, tejidos y células, tema que ha sido descrito bajo el mismo apartado señalado. Respecto de las conductas de los árboles, aspecto que también es parte de la expresión del fenotipo, hemos analizado que los seres vivos tienen la capacidad de responder a los estímulos del ambiente y que tienen la capacidad de adaptarse y evolucionar. A continuación veremos aspectos específicos aún no desarrollados en este texto sobre esta materia.

El genotipo es la constitución genética de un individuo o el conjunto de los genes existentes en cada uno de los núcleos celulares (Cañón y Fernández. 2012). El genotipo es, simplemente, la versión de la secuencia de ADN que un individuo tiene. Todas las especies tienen gran cantidad de ADN en común, pero también hay una gran cantidad de variación en la secuencia entre distintos individuos. Y esas diferencias específicas en la secuencia, normalmente refiriéndose a un gen concreto, se denominan genotipo.

Fenotipo simplemente significa "observar" y tiene la misma raíz que la palabra "fenómeno". Y como tal es un algo observable en un organismo. Los fenotipos son igualmente, o incluso a veces mayormente, influenciados por los factores ambientales que por los efectos genéticos. Por lo general no hay una correlación uno a uno entre un genotipo y un fenotipo. Casi siempre hay factores ambientales, como los nutrientes que se asimilan, la temperatura o el monto de precipitaciones, etc., influencias ambientales que también afectan al fenotipo.

La expresión del fenotipo depende del tipo de reproducción que utiliza una determinada especie, de tal forma que si la reproducción es asexual, el fenotipo del individuo resultante será idéntico a la del individuo de donde se obtuvo el material genético. Si la reproducción es de tipo sexual, entonces existirá una cierta variabilidad entre el fenotipo del individuo resultante y el de ambos progenitores.

En la reproducción sexual se tienen beneficios como la recombinación genética, que es importante porque se obtiene variabilidad en la población. Esta estrategia reproductiva otorga a la especie la posibilidad de que los descendientes se establezcan y conquisten nuevos ambientes, debido a una mayor dispersión a través de las semillas. La reproducción asexual permite mantener características genéticas eficientes en la descendencia (por ejemplo, resistencia a la sequía), sin riesgo de que se pierdan a causa de la recombinación de genes que ocurre mediante la entrecruza sexual (Avendaño. 2016).

Las plantas con flores son capaces de reproducirse sexual o asexualmente. La reproducción sexual ocurre cuando existe polinización de forma previa, generándose de esta forma un flujo de genes de una planta a otra. Existen varias formas de polinización, debiendo existir un agente o vector polinizador, tales como animales (insectos, aves, murciélagos) o simplemente el viento. Entre las estrategias que han desarrollado las angiospermas para atraer a sus polinizadores y asegurar un éxito reproductivo se cuentan pétalos vistosos, olores atrayentes y recompensa que puede ser néctar o polen, ambos le proveen alimento de alto contenido energético al polinizador que los consume. (Uriarte. 2012)

El mismo autor señala que dependiendo del polinizador la flor ha evolucionado de manera diferente, a saber:

a. **Plantas polinizadas por insectos**: usualmente plantas con pétalos azules, amarillos o blancos con guías de néctar o que pueden verse con luz ultravioleta. Además, suelen tener mucho olor. Esto es así pues los insectos pueden ver bien el rango violeta, azul y amarillo del espectro de luz, pero no el rojo. También ven bien en el rango ultravioleta. Los insectos poseen un olfato bien desarrollado y es por eso que las flores producen mucho olor, aunque no necesariamente agradable. Por ejemplo flores polinizadas por moscas a menudo tienen un olor a carne podrida.

b. **Plantas polinizadas por aves**: usualmente son de color rojo, naranja o amarillo y no tienen olor, pues las aves ven bien en ese rango del espectro y no suelen tener el olfato bien desarrollado.

c. **Plantas polinizadas por murciélagos**: estos animales son importantes polinizadores en los trópicos, salen a buscar alimento de noche y no ven bien. Por lo tanto, las flores polinizadas por murciélagos no son coloreadas, siendo blancas o cremas y con un olor fuerte y atrayente, como a fruta fermentada.

d. **Plantas polinizadas por el viento**: Estas plantas por lo general tienen flores pequeñas e inconspicuas (sin pétalos, color o néctar), los estigmas son fimbriados o plumosos y además producen grandes cantidades de polen de tamaño diminuto para hacer más fácil su transporte por el viento.

e. **Plantas polinizadas por el agua**: el vector inanimado es el agua. Tiene lugar en muy pocas angiospermas, generalmente acuáticas. Existen dos mecanismos: sobre la superficie y bajo la superficie. En el primer caso las plantas sumergidas forman flores masculinas que liberan, las que van saliendo a la superficie donde se abren. Posteriormente viajan por la superficie hasta encontrar la flor femenina y la fecundan. En el segundo caso el polen pasa de la flor masculina a la femenina bajo el agua. El polen viaja formando largas cadenas.

La reproducción sexual puede ser de dos tipos: autogamia y alogamia. En la autogamia la propia planta produce los gametos masculino y femenino. Esta forma de reproducción, muy habitual, por ejemplo, en islas, o lugares de maleza, permite mantener intactas las características genéticas de su especie, algo indispensable para que la planta logre sobrevivir y adaptarse a un determinado entorno. La alogamia ocurre cuando la polinización y fecundación se produce entre plantas de distintas especies. Esto hace que el código genético de ambas se entremezcle dando lugar a nuevas especies (Cebolla, J. 2021).

La reproducción asexual se produce cuando a partir de la célula de una planta se crea otra idéntica, debido al procedimiento de mitosis. La reproducción asexual se suele dar en las plantas no vasculares, es decir, en las que no tienen raíces, tallos ni vasos que conduzcan la savia. Existen multitud de plantas que pueden multiplicarse de forma asexual mediante alguno de estos 4 procesos: a) mitosporas: la planta crea esporas por división celular (mitosis). Es la forma de reproducción habitual de hongos y helechos, b) reproducción vegetativa: en este caso, la planta se multiplica a partir de un fragmento de la misma, pudiendo realizase de diferentes formas: haciendo injertos, cortando un trozo del tallo, dividiendo la raíz, etc., c) apomixis: algunas plantas cuentan con óvulos diploides, que tienen la propiedad de producir semillas sin necesidad de ser fertilizadas. Esto hace que las plantas nacidas mediante este sistema sean idénticas a su progenitora y d) propágulos: que son partes de la planta que al ser separadas de ella pueden crear otra planta idéntica a la original. Los propágulos pueden estar formados por multicélulas (yemas, semillas, tubérculos, etc.), o por una sola célula, como es el caso de las esporas.

En su libro sobre árboles y arbustos de jardín en clima templado, titulado "Deodendron", Rafael Chanes señala que corresponde a un "apunte escueto ... de aquellos aspectos de cada especie que mejor definen su "personalidad" y sirven más precisamente a la tarea del diseño paisajístico", procediendo a señalar el conjunto de rasgos y cualidades que caracterizan a los árboles y arbustos, a saber: origen, exigencias, crecimiento, características (altura, diámetro, forma, color, densidad del follaje, ambiente, foliación, floración y fructificación), corteza, hojas, flores (interés), frutos, variedades. La mayor parte de los parámetros que Chanes (2009) utiliza corresponden a una descripción del fenotipo de los árboles y arbustos de jardín en clima templado.

Es interesante destacar que ese autor utiliza diversas clasificaciones para caracterizar diversos parámetros en su esfuerzo de definir la "personalidad" de los árboles y arbustos, como por ejemplo para forma utiliza un diseño para cada categoría referido siempre a la copa: esférica, ovoidal, columnar, cónica, extendida, pendular, irregular, de parasol, abanico y horizontal. Esta descripción del fenotipo de estas especies, árboles y arbustos, abarca aspecto de apariencia y comportamiento de capa especie. Este conocimiento unidimensional ha sido dirigido al mundo de la arquitectura y el paisajismo.

Otro ámbito en donde se utilizan preferentemente las características fenotípicas de los árboles es en el mejoramiento genético, donde se busca obtener mejores resultados de las plantaciones, por ejemplo, en producción de madera. Uno de los aspectos centrales del mejoramiento genético consiste en identificar árboles que presentan un valor sobre el promedio respecto de una característica en especial. La selección de estos árboles se realiza entonces en base a su apariencia externa (morfología, vigor, resistencia a plagas o enfermedades, crecimiento, etc.), la que es superior al promedio de los árboles de la misma especie desarrollado en un sitio similar. Esta actividad se realiza exclusivamente en plantaciones, con base en la expresión fenotípica de caracteres de interés. (Vallejos. 2010).

Los programas de mejoramiento genético trabajan con variaciones que existen entre poblaciones de diferentes procedencias y entre individuos dentro de una población. Las características de importancia adaptativa corresponden a la contribución que se obtiene en el primer nivel de variación (interpoblacional), mientras que las características de interés económico, como velocidad de crecimiento, rectitud de fuste o características de la madera, se expresan en el segundo nivel (intrapoblacional). (Sotolongo. 2012)

2. 2. 8. Los seres vivos tienen capacidad de responder a estímulos del medio ambiente. (irritabilidad)

Los estímulos que pueden producir una respuesta en casi todas las plantas y animales son: cambios de color, intensidad o dirección de la luz, variación de temperatura, presión o sonido y cambios de la composición química de la tierra, el agua o el aire a su alrededor. En el ser humano y otros animales superiores, algunas células del cuerpo están muy especializadas y responden a ciertos tipos de estímulos específicos. En animales inferiores y plantas, pueden faltar estas células especializadas, pero es el organismo entero el que responde al calor o frío, a algunas sustancias químicas o a la luz.

De acuerdo a lo analizado sabemos que los vegetales reaccionan a la luz, la gravedad, el agua y otros estímulos, principalmente por crecimiento de las diferentes partes de su cuerpo, como por ejemplo el tallo de las plantas que se curva hacia la luz, las raíces que crecen hacia abajo y las hojas que se pliegan o languidecen durante la noche. Unas cuantas plantas, como la atrapamoscas venus, son particularmente sensibles a los estímulos táctiles y pueden capturar insectos. Otro caso es el de la planta Mimosa púdica, la que se identifica porque al ser tocada con la mano, rápidamente cierra sus hojas.

Otras respuestas de los seres vivos, a diferencia de los ejemplos anteriores, son de tipo adaptativas, es decir, tienen un valor desde el punto de vista de la sobrevivencia o de la integridad del organismo. A estas respuestas adaptativas se les reconocen tres características relevantes: a) permiten a los organismos adaptarse a las condiciones del medio ambiente, b) pueden ser distintas para un mismo tipo de estímulos y, c) son ajustadas a la intensidad del mismo. Esta capacidad de emitir diferentes respuestas adaptativas y de regularlas, es única de los seres vivos, y es lo que conocemos como irritabilidad (MINEDUC. 2012).

Hemos revisado en párrafos anteriores los sistemas de coordinación e integración hormonal, el que está regulado por hormonas vegetales o fitohormonas que poseen los vegetales. A pesar de que las respuestas vegetales son muy lentas, se pueden verificar claramente, como lo señalado en lso ejemplos ya vistos:

el crecimiento de los tallos en dirección del sol, el crecimiento de las raíces en busca de las aguas o la apertura de los pétalos en algunas flores cuando sale el sol.

En términos generales, es posible señalar que el comportamiento denominado irritabilidad consiste en el conjunto de acciones o movimientos que realiza un ser vivo en respuesta a las situaciones del ambiente. En las plantas, debido a que no poseen sistema nervioso, se aprecia un comportamiento muy básico que casi en todos los casos se verifica en respuestas locales de los distintos órganos del cuerpo frente a estímulos ambientales específicos. Por ejemplo, la raíz orienta su crecimiento en respuesta a la fuerza de gravedad y el girasol orienta su flor siguiendo la trayectoria del sol durante el día (Mineduc. 2012).

Sin embargo, entre los distintos mecanismos que poseen las plantas para detectar los estímulos externos se encuentran los potenciales de acción (PA) que constituyen un sistema de señalización rápido y ubicuo de las plantas.

Para lograr la finalidad de un estudio dirigido a la identificación de los mensajes del daño que se produce al cortar las hojas de una planta con tijeras, similar al daño producido por una oruga al masticar, se ideó el siguiente experimento: mediante bioingeniería se consiguió que plantas de Arabidopsis thaliana produjeran una proteína que se vuelve fluorescente al contacto con el calcio. Así fue posible rastrear la presencia y concentración del calcio en el interior en su interior. También se aplicó glutamato, con cuya ayuda los iones de calcio pueden fluir y llevar su señal a través de canales: el glutamato ingresa en los espacios receptores especiales de manera similar a una llave que embona en la cerradura de un candado, y así va abriendo compuertas de acceso. Como resultado se logró identificar que las señales de advertencia que emitía la planta se originaron en el punto de ataque, desde donde el glutamato propulsó una ola de calcio que se propagó a través del sistema vascular de la planta. Como respuesta, en todas las áreas que tocaba el calcio, la planta producía ácido jasmónico, una hormona que controla procesos de defensa en situaciones de estrés, activando genes que producen una reacción de las defensas químicas y físicas de la planta. El metiljasmonato, uno de los productos del ácido jasmónico, flota por el aire como un perfume con aroma a jazmín. Para los insectos puede resultar repulsivo o interrumpirles la digestión, por lo que estos comensales evitarán regresar. Las defensas físicas además pueden endurecer la pared celular de la planta, para que sea difícil comerla (Klein. 2018; Toyota. 2018).

Las fitohormonas juegan también un rol importante en las señales que emiten las plantas y que son percibidas por otras plantas, de la misma o diferente especie. La comunicación entre plantas puede realizarse por vía aérea, terrestre o el subsuelo, promoviendo reacciones de alerta ante algún peligro o de apoyo, unidireccional o bidireccional, entre plantas que se encuentran en situación de estrés y plantas sanas.

A continuación revisaremos algunos ejemplos de las posibilidades de comunicación que presentan las plantas, destacando a los árboles los que además de poseer diversos mecanismos para reaccionar frente a los estímulos del medio ambiente, son capaces de comunicar a otros árboles las situaciones de peligro que ellos están detectando o que los están afectando.

Algunos ejemplos de comunicación aérea de árboles y plantas en general se encuentran en los ejemplos siguientes: a) Un estudio realizado por Schultz, J. y Baldwin, I. (1983) permitió determinar que ejemplares jóvenes de álamo (Populus x euroamericana) y de arce azucarero (Acer saccharum Marsh), cuyo follaje estaba parcialmente dañado por ramoneo de herbívoros, aumentaban su concentración de compuestos fenólicos en 36-52 horas de ocurrido el daño. El aumento del contenido de taninos daba a las hojas un sabor amargo y era venenosa para los animales que se alimentaban de ellas. El mismo estudio permitió detectar que lo mismo ocurrió a las plantas vecinas cuyo follaje no estaba siendo dañado, árboles que inclusive presentaban una mayor proporción de esta sustancia que aquellos que presentaban algún daño, llegándose a determinar que el árbol que había servido de alimento al ganado emitía etileno a la atmósfera poniendo en aviso del peligro existente a sus compañeros del entorno; b) El científico francés del CNRS, Paul Caro, descubrió que los robles atacados por orugas reaccionaban aumentando la cantidad de tanino y fenol producidos en sus hojas. Caro observó que el mecanismo de defensa de los árboles inhibía el crecimiento de las larvas (Huges. 1990); c) El análisis de la muerte de más de 3.000 kudúes producida en el Parque Kruger, cerca de Pretoria, Sudáfrica, determinó que la causa de aquello fue el alto contenido de taninos presente en el follaje de las acacias (Acacia caffra (Thunb.) Willd) con que se alimentaban. Para su protección los kudúes habían sido confinados a un sector cercado dentro del parque, donde al escasear la hierba comenzaron a alimentarse durante largo tiempo de hojas de las mismas acacias, siendo la causa de muerte una sobredosis de taninos segregados por las hojas del árbol, el que al inactivar las enzimas hepáticas de los kudúes actúa como un veneno. El biólogo de la Universidad de Pretoria, Wouter Van Hoven, comprobó que al ser intensamente ramoneadas las acacias se defendían segregando taninos cuya presencia aumentaba de forma regular en las hojas hasta alcanzar el 250% al cabo de dos horas de ramoneo. Al igual que lo observado por Schultz, J. y Baldwin, I. y Paul Caro, las hojas de los árboles próximos, los que no habían sufrido ningún tipo de agresión, también niveles altos de taninos. Se confirmó que las acacias ramoneadas emiten etileno al aire que puede viajar hasta 45 metros, lo que advierte a otros árboles del peligro inminente y, luego de recibir la señal de etileno, aumentan su propia producción de tanino de hojas en solo cinco a diez minutos. Van Hoven observó a jirafas que comían hojas de acacias y pasaban de largo por una decena de árboles sin tocarlos antes de volver a ingerir hojas y siempre en dirección contraria al viento. Al estar los Kudúes en un recinto cercado, no pudieron elegir árboles que no hubieran recibido la señal de alarma. El etileno, desde el cual se produce la fitohormona etanol, es también un compuesto que utilizan los árboles para emitir señales al aire, las que son traducidas por los árboles que los circundan, especialmente generando respuestas que aminoren los ataques y heridas producidos por animales o insectos (Herrero. 2017).

Al respecto Appel et al (2007), señalan que los compuestos volátiles liberados por plantas que han sido heridas por herbívoros no solo forman parte de la señalización entre plantas, sino que actúan activando defensas en hojas de la misma planta. Lo señalado fue demostrado en un experimento realizado en Populus deltoides x nigra, donde en las hojas de álamo híbrido que han liberado volátiles debido a heridas realizadas por herbívoros priman las defensas en las hojas adyacentes con poca o ninguna conexión vascular con las hojas heridas. Las hojas intactas expuestas a los volátiles de las hojas heridas en el mismo tallo tenían respuestas defensivas elevadas a la alimentación de las larvas de la polilla gitana (Lymantria dispar L.) en comparación con hojas que no recibieron volátiles.

Entonces podemos decir que la emisión de etileno a la atmósfera por parte de los árboles, junto posiblemente a otros compuestos volátiles, son parte de sus mecanismos de defensa frente a depredadores, los que sirven no solo para atraer posibles depredadores que se alimenten de sus atacantes, sino también para activar mecanismos de defensa propios, como por ejemplo la acumulación de taninos en sus hojas o para advertir a otros árboles cercanos de la ocurrencia probable de un ataque por parte de un agente dañino.

Existen estudios que abordan la emisión de compuestos orgánicos volátiles COVs por parte de los árboles urbanos, como por ejemplo el realizado por Corada (2012), que consideró las especies alcornoque (Quercus suber) y quillay (Quillaja saponaria). Entre otras conclusiones señala que los árboles jóvenes emiten mayor cantidad de COVs biogénico (COVsB) que los árboles adultos. Otro estudio realizado esta vez por Préndez y Peralta (2005) consideró las especies pimiento boliviano (Schinus molle) y peumo (Cryptocarya alba), del que se destaca la siguiente conclusión: pimiento y peumo emiten monoterpenos similares: α-pineno, β-mirceno, camfeno, 3- careno, limoneno y cineol. Sin embargo, el 3-careno emitido por el peumo se encontró bajo los límites de detección de la técnica utilizada (Prendes y Peralta. 2005; Del Pozo. 2018). Un tercer estudio al respecto, esta vez elaborado por Churkina (2012), confirma que los árboles emiten COVs y que unas especies arbóreas son más contaminantes que otras, señalando que la predominancia de ciertos árboles en una calle puede elevar de forma notable las concentraciones de ozono, de tal forma que recomienda "una distribución de cada especie de forma más esparcida por la ciudad". La presencia de ozono a nivel del suelo está vinculada con el asma, la bronquitis y otras afecciones respiratorias.

Entendiendo que los tres estudios señalados en el párrafo anterior confirman que los árboles emiten una diversidad de compuestos a la atmósfera, es importante destacar que los estudios señalados no han considerados varios aspectos que son esenciales para interpretar la emisión de compuestos orgánicos volátiles a la atmósfera por parte de los árboles, siendo el primero de ellos el que los árboles emiten COVs cuando están en situación de estrés y más específicamente cuando están siendo atacados por especies que se alimentan de su follaje o su estructura. El segundo aspecto radica en las características del ambiente en que se desarrollan los árboles urbanos, específicamente los árboles viarios, plantados en aceras cuyo suelo ha sido compactado al momento de construir veredas en ellas, sin riego durante los meses secos, soportando el efecto negativo de diversa infraestructura gris que interfiere en su desarrollo. Consideremos que en una comuna promedio, más del 70% de los árboles que presentan se encuentran en calles y entre el 20 y el 30% de los árboles se encuentran en plazas y parques. Este alto porcentaje de individuos que se encuentran establecidos en acera permite enfocar el análisis de la emisión de COVs en aquellos árboles que realmente se encuentran en situación de alto estrés de forma permanente. En tercer lugar es fundamental considerar el pésimo tratamiento que se aplica a los árboles urbanos, sobre todo a las mutilaciones a que de forma permanente son sometidos por empresas, municipalidades y vecinos, los que eliminan fuertemente su copa, supuestas técnicas de poda entre las que se encuentran el desmoche, el terciado, refaldado y despunte, entre otras aberraciones más que no toman en consideración la situación del árbol.

En la actualidad, la emisión de hormonas gaseosas por parte de las plantas es uno de los terrenos más fascinantes de la botánica. Más allá de la función de centinela que cumplen, se ha descubierto que estos mensajes de alarma no sólo van dirigidos a miembros de su misma especie, sino que pueden constituir señales de ayuda y colaboración entre los más dispares aliados.

En un experimento realizado por Appel y Cocroft (2014), en el que ante un grupo de plantas se reprodujeron grabaciones de vibraciones causadas por la alimentación de orugas, se observó que cuando las orugas de Pieris rapae L. se alimentaron de sus hojas la planta producía más glucosinolatos y antocianinas, sustancias que resultan repelentes para muchas orugas. Plantas expuestas simultáneamente a otros tipos de vibraciones semejantes a las vibraciones originadas por la masticación de las orugas no aumentaron sus defensas químicas, lo que indica que los vegetales son capaces de distinguir las vibraciones provocadas por herbívoros respecto a otras fuentes comunes de vibración ambiental.

Se sabe también que el maíz, en caso de sufrir un ataque de orugas, emite un gas que atrae a avispas comedoras de orugas, sin duda un pacto de alianza beneficioso para ambas partes. Esto mismo también ocurre con la col: para defenderse de las dañinas *mariposas de la col* (Pieris brassicae), lanza una señal de socorro para que acudan en su ayuda unos diminutos insectos parásitos de las larvas de estos molestos inquilinos. Pero ésta no es la única forma de comunicación de las plantas con el reino animal. La genciana rosada de Sudáfrica (Orphium frutescens) sólo libera polen en sus anteras si el zumbido de las alas del insecto que se le acerque entona una perfecta nota musical Do. Y eso es exactamente lo que hace la abeja carpintera (Xylocopa caffra) para obtener su ración de polen (Herrero, M. 2007).

Los árboles se comunican también a través del suelo, especialmente utilizando la simbiosis que se produce con hongos micorrizicos. Las micorrizas corresponden a órganos que se crean por la combinación simbiótica entre la raíz de una planta y los micelios de un hongo. Estos se forman cuando los hongos simbiontes viven dentro de los órganos de absorción sanos (raíces, rizomas o talos) de las plantas. Las micorrizas permiten a los hongos obtener azúcares producto de la fotosíntesis y los árboles reciben de los hongos agua y nutrientes (nitrógeno y fósforo, principalmente). Existen dos tipos de micorrizas, a saber: a) las endomicorrizas donde las hifas del hongo entran en las células vegetales sin dañarlas y b) ectomicorrizas que se caracterizan en que las hifas del hongo recubren las células sin entrar en ellas, fenómeno que se denomina Red de Hartig (Villa. 2017).

Para que se produzca esta situación de mutualismo entre las micorrizas y los árboles debe activarse un mecanismo que permita al árbol reconocer al hongo micorrízico, interacción que ocurre en aquella parte del suelo inmediata a las raíces vivas: la rizósfera, donde interactúan químicamente las raíces de plantas y los microorganismos del suelo. En la rizósfera es donde la raíz reconoce a los microorganismos que pueden habitar en ese espacio y gozar de los privilegios que el ambiente les proporciona, como alimento en abundancia y refugio, a cambio de proporcionar a la planta diversos nutrientes.

Respecto del funcionamiento de las raíces De la Peña y Loyola (2017) señalan que hay microorganismos que secretan compuestos que son reconocidos por la raíz de las plantas como "amigables", los que engañan a la planta, pudiendo traspasar la rizósfera y atacar a la raíz. Esto activa las defensas de la planta y se establece un diálogo entre las partes, donde las plantas emiten cientos de compuestos químicos que son percibidos por otras plantas, microorganismos e insectos.

Con relación a la respuesta de las plantas a las proteínas y compuestos fenólicos que utilizan los microorganismos para comunicarse, De la Peña y Loyola (2017) señalaron que esta es diferente dependiendo del invasor, según se señala a continuación: a) Si el organismo extraño es amigable (hongos o bacterias simbióticas) entonces una señal dirigida por el ácido jasmónico es enviada al visitante, el cual responderá a la planta con una serie de compuestos advirtiendo de sus intenciones, b) Si es un organismo patogénico el que visita a la planta el sistema de defensa liderado por el ácido salicílico se enciende y un arsenal de armas en el núcleo de las células de la planta empieza a elaborarse para combatir al peligroso visitante.

Entonces las plantas tienen la capacidad de diferenciar cuales microorganismos son patogénicos y cuales no lo son, expresando un grupo de genes para cada visitante inesperado, los que son regulados a través de la remodelación de la cromatina, la cual es un mecanismo epigenético presente en las plantas para dar una respuesta rápida al ataque de patógenos que tratan de invadirla.(De la Peña y Loyola. 2017).

En respuesta al ataque de patógenos, las plantas han desarrollado sofisticados mecanismos de defensa para retrasar o detener el crecimiento de patógenos. “En general, las plantas responden a los patógenos activando dos tipos de defensas: basales y de resistencia (R) siendo ambas mediadas por genes. Las defensas basales se activan cuando las plantas reconocen patrones moleculares asociados a patógenos como flagelina o lipopolisacáridos. Estas respuestas son lentas y débiles y, a menudo, insuficientes para prevenir enfermedades. Por otro lado, las respuestas mediadas por el gen R son rápidas y más fuertes. Entre estos, la muerte celular asociada a la respuesta hipersensible (HR) en el sitio de la infección es una de las respuestas de defensa más sólidas. La HR suele ir acompañada de acumulación de ácido salicílico (SA), activación de varios genes relacionados con la patogénesis (PR), producción de especies reactivas de oxígeno y acumulación de varios compuestos antimicrobianos” (Acharya. 2007).

Aún en el ámbito de las micorrizas, pero con un fin diferente, esta vez buscando respuesta a la pregunta de si los árboles en el bosque podían compartir información entre ellos por medio de sus raíces, la ecóloga forestal canadiense Suzanne Simard (2018) realizó un experimento que consistía en envolver pequeñas plantas de distintas especies (abedul (Betula pendula), abeto de Douglas (Pseudotsuga menziesii) y cedro rojo occidental (Thuja plicata)) con bolsas plásticas transparentes (que podían hacer fotosíntesis) en algunos casos y de color negro (que no podían hacer fotosíntesis) en otras, aplicando en ambos casos dos tipos de isótopos de carbono radiactivo (carbono 14 radiactivo y un isótopo estable de carbono 13). Al ser evaluadas las plantas con un contador Geiger se constató que las plantas de abedul (C14), que estaban cubiertas por bolsas transparentes, habían recibido (C13) desde el abeto (cubiertos por bolsas negras) y el abeto (C13) en respuesta recibió C14 desde el abedul. El cedro rojo occidental no presentaba respuesta alguna. Simard descubrió que al estar cubierta la copa de los árboles, la única forma en que pudo transitar el carbono radiactivo de una planta a otra era por sus raíces, de tal forma que los hongos micorrizicos eran los responsables de comunicar a los árboles a través de sus raíces (García, Gandía y Escribano. 2011).

En otro experimento similar realizado por Simard (2018), donde el isótopo de carbono fue inyectado en ramas de árboles maduros se constató que una parte de la radioactividad se transfería a numerosos árboles de los alrededores, pero sobre todo, que la transferencia más importante se producía entre los árboles viejos más voluminosos y los árboles jóvenes que crecían a sus pies, generalmente nacidos de sus propias semillas. Este alimento es transportado por los hongos del suelo que conectan las raíces de los árboles entre ellas (micorrizas). Entre sus resultados está la cantidad de glucosa que los árboles comparten, donde se evidenció que los árboles aportan más alimento a los de su misma especie que a especies distintas, pero lo hacen sin dejar a ningún árbol sin alimento.

Este último aspecto es relevante a la hora de visualizar las conexiones con los distintos seres vivos que tienen y mantienen los árboles, que en este caso es una conexión subterránea, a través del suelo. Me refiero específicamente a aquella definición que señala a un concepto de árbol en específico que conecta todas las formas de la creación: el árbol de la vida.

Además de lo señalado, diversas investigaciones han abordado otras formas que presentan las plantas para responder a estímulos que provienen de su medio ambiente, como por ejemplo la fluorescencia de distintos órganos. En particular algunas flores atraen a insectos polinizadores utilizando el mecanismo señalado. El color actúa en el mundo vegetal como una señal de comunicación entre especies, sea que se utilice para atraer animales que sirvan para la polinización o dispersión de semillas, o se trate de señalar estructuras defensivas como las espinas. El helecho acuático Azolla spp forma una asociación mutualista con una cianobacteria (Anabaena azollae), que vive en las cavidades situadas en el envés de las hojas. Anabaena azollae fija nitrógeno del aire para hacerlo utilizable para las plantas. En los campos de arroz, se suele utilizar Azolla spp por el nitrógeno que aporta y porque ensombrece, de manera efectiva, las malas hierbas que de otro modo competirían con el arroz por los nutrientes y la luz solar (Nabors. 2006).

2. 2. 9. Los seres vivos, tomados como un todo, tienen capacidad de adaptarse y evolucionar

La evolución biológica y la adaptación de las especies son dos conceptos distintos pero complementarios. Los organismos vivos son sistemas adaptados a su entorno como resultado de la selección natural, sobreviviendo generación tras generación, por lo que la evolución es el proceso que permite introducir en una especie una serie de cambios corporales o fisiológicos significativos, y que a la larga son capaces también de dar origen a una especie totalmente nueva. La capacidad de una especie de adaptarse a su ambiente es la característica que le permite sobrevivir en un mundo en constante cambio.

2.2.9.1. Evolución

Luego de un largo período de glaciación que congeló a todo nuestro planeta, las algas y las cianobacterias en el océano y en el agua dulce aportaron con su fotosíntesis el suficiente oxígeno a la atmósfera que permitió sustentar a las especies terrestres con respiración aeróbica. Se superó así el nivel de oxígeno atmosférico mínimo del 2% necesario para sustentar la vida en la Tierra.

De acuerdo con Nabors (2006) las pruebas moleculares indican que las plantas se separaron de las algas verdes hace 700 millones de años. De hace unos 430 millones de años, en el Período Silúrico, son los primeros fósiles de plantas en el registro fósil. Los helechos y otras plantas vasculares sin semillas fueron las primeras plantas vasculares y como resultado de su evolución dieron origen a las plantas con semillas que dominan el mundo vegetal moderno. Junto con los Briófitos, fueron las plantas principales durante quizás 100 millones de años. Las plantas vasculares sin semillas fueron las dominantes durante el Período Carbonífero, porque encontraron poca competencia por parte de otras plantas, y porque crecían bien en las regiones tropicales húmedas con abundantes precipitaciones.

Es interesante destacar que los árboles no tuvieron siempre las mismas características que presentan en la actualidad. En fósiles encontrados en el noroeste de China y que tienen 374 millones de años, del grupo conocido como cladoxlopsidos, pteridófitas de porte arbóreo del Devónico Medio de hace 390 millones de años, se observó que el xilema estaba conformado por hebras externas del tronco del árbol de unos 5 cm. de espesor, mientras que la zona media del tronco estaba completamente vacía. Los estrechos filamentos estaban dispuestos de manera organizada e interconectados entre sí. El desarrollo de estos filamentos permitió el crecimiento general del árbol, ya que cada uno de los filamentos se dividían de forma curiosamente controlada y autorreparable para adaptarse al crecimiento (Berry. 2017).

Respecto de la evolución de las pteridófitas de porte arbóreo, Nabors (2006) señala que hace 350 millones de años atrás todos los continentes principales se unieron en una enorme masa de tierra, denominada Pangea. Grandes partes de lo que hoy es Eurasia, Norteamérica, el norte de Sudamérica y el norte de África se encontraban bastante cercanas al ecuador, mucho más hacia el sur que en la actualidad. Lo que hoy comprende el sur de Sudamérica, África del Sur, Australia, Antártida y el norte de Asia era glaciar, debido a la cercanía a los polos. En la mayor parte de lo que hoy es Norteamérica, existía una selva neblinosa con grandes pantanos, con un ambiente cálido y húmedo. Éste era el medio característico cerca del ecuador durante el Período Carbonífero (hace 363-290 millones de años).

El mismo autor señala que un paso crítico en el desarrollo de la semilla en el período Carbonífero, hace 354 a 290 millones de años, fue la evolución de la heterosporia, que corresponde a la producción de dos tipos de esporas: megasporas y microsporas, las que darían los gametófitos femeninos y masculinos respectivamente, época en que las microsporas y las macrosporas eran reunidas por el agua en los charcos y pantanos. Durante el Pérmico Medio, la aridez se incrementó dramáticamente, motivado por el cambio continuo de las masas continentales y esto acabó con la mayor parte de las zonas pantanosas del Carbonífero. La adaptación decisiva fue la "inmovilidad de las macrosporas" dentro del macrosporangio (nucela). Así pues, la macrospora (en general una sola) ya no abandona la envoltura del esporangio. Realiza todo su desarrollo ontogénico en el macrosporangio, sobre el esporófito materno (primordio seminal). Las microsporas son transportadas hasta los macrosporangios vía aérea en donde realizan la fecundación. El esporangio se convierte así en semilla.

Las primeras plantas productoras de semillas fueron las gimnospermas, espermatófitas, cuya característica más importante es la posesión de primordios seminales desnudos que aparecen insertos directamente sobre hojas altamente especializadas o protegidos por brácteas en estructuras estrobiliformes más o menos complejas. Con ellas tiene lugar la aparición de la semilla, una estructura de enorme valor en el medio terrestre, pues el embrión queda protegido muy eficazmente hasta el momento en que se active, tras un reposo más o menos prolongado hasta acoplarse a las mejores condiciones ambientales, para originar un nuevo individuo. También desarrollaron un sistema vascular muy elaborado con elementos de sostén, que les permiten alcanzar una larga vida y notables dimensiones. El engrosamiento secundario que aparece en algunas pteridófitas fósiles, alcanza su mejor expresión en las gimnospermas leñosas, gracias a la acción de un tejido meristemático (el cambium) que forma nuevas capas de células hacia el exterior e interior del tallo (Lobato, R. y Cidrás, J. 2012.). Las primeras gimnospermas y algunos "fósiles vivientes" (ginkgo y cícadas) todavía tienen espermatozoides flagelados, sin embargo, ya no necesitan de agua para transportarse al óvulo ya que éstos se desplazan a través de un tubo (polínico) dentro del cono femenino. De los fósiles de un grupo de gimnospermas extinto se reconstruyó un órgano parecido a las flores, por lo que se piensa que estas son los ancestros de las plantas con flores: las angiospermas (Sánchez y Bedolla. 2020).

Las gimnospermas comprenden las clases cycadales, ginkgoales, coniferales y gnetales. Su evolución comenzó en el Carbonífero, hace 360 millones de años, cuando aparecieron las cordaitales y los helechos con semilla. Las cordaitales desaparecen entre el final del Pérmico y el inicio del Triásico junto con los helechos con semillas y de ellos quedan solo ejemplares fósiles. Las cicadales se caracterizan por presentar hojas pinnadas, compuestas a modo de palmera o helechos y constituyen los últimos restos de un grupo ampliamente difundido, del cual se conocen fósiles ya desde el inicio de la era mesozoica, si bien vivieron su máxima expansión en el Jurásico y Cretácico. Las ginkgoales agrupan las plantas que son llamadas ginkgo, cuyas hojas son en abanico y con nervación dicotómica abierta. Las coniferales tienen hojas simples y es el grupo más predominante de las gimnospermas. Las gnetales son las más recientes de las gimnospermas, hay interés en ellas porque presentan características intermedias entre las coniferales y las angiospermas, pero siguen los estudios para demostrar que de las gnetales provengan las angiospermas (UNE. 2013).

Con relación a las angiospermas Sánchez y Bedolla (2020) señalan que estas aparecieron hace 150 a 140 millones de años y rápidamente se diversificaron formando hierbas, trepadoras, arbustos y árboles. De forma simultánea aparecieron todos los verticilos de la flor (sépalos, pétalos, estambres y ovario), frutos y semillas, así como también polinización por insectos. Este tipo de polinización permitió que las flores evolucionaran con formas muy complejas para mantener de manera exclusiva su relación con los polinizadores.

De acuerdo con lo señalado por Romero (2005), las angiospermas se originan de uno o más grupos de Pteridospermas, las que evolucionaron produciendo estróbilos más especializados (flores) en los que los óvulos estaban protegidos dentro de ovarios. Una serie de adaptaciones como la reducción de la fase gametofítica, la especialización de la polinización y el endospermo secundario, ofrecieron a las nuevas plantas con flores una mayor eficacia en la colonización rápida de nuevos hábitats. También las Angiospermas reúnen además otro conjunto de adaptaciones que mejoraron la eficacia de la reproducción sexual, a saber: flor, pistilo con ovario y estigma (capaz de "reconocer" los granos de polen), óvulos con dos cubiertas (bitégmicos), sifonogamia: los núcleos masculinos son inyectados en el interior de la ovocélula por un tubo polínico, doble fecundación (con formación de endospermo secundario), máxima reducción de los gametofitos (saco embrionario octonucleado, sin arquegonio diferenciado y grano de polen con 2-3 células) y grano de polen con ectesina compleja y cemento polínico (lo que permite especialización en la polinización zoófila). Las Angiospermas son las plantas predominantes en la flora y la vegetación actuales, con unas 300 a 400 familias y 250.000 a 300.000 especies, siendo un grupo amplio pero reciente. Su expansión tuvo lugar en el período 100 a 90 millones de años AP y al principio de la era terciaria, hace 65 millones de años, ya dominaban la tierra.

2.2.9.2. Adaptación

Las adaptaciones son cambios que incrementan la capacidad del organismo de sobrevivir en un ambiente determinado. Dichas adaptaciones pueden ser estructurales o morfológicas, fisiológicas o conductuales, o una combinación de ellas. La adaptación puede incluir cambios inmediatos que dependen de la irritabilidad de las células, o ser el resultado de fenómenos de selección y mutación a largo plazo. Salta a la vista que ningún organismo puede adaptarse a todos los tipos concebibles de medio ambiente.

En biología, por adaptación de los seres vivos o adaptación biológica se hace referencia al proceso en el cual estos últimos desarrollan la capacidad de sobrevivir en un entorno diferente, variando sus estrategias e incluso sus características físicas, en pro de conservar la vida. De esta forma la vida se adapta a los cambios, tanto en los factores abióticos (temperatura, luz solar, pH, etc.) como en los bióticos (nuevas especies, extinción, etc.) de su entorno, mediante cambios físicos o conductuales que se transmiten a las generaciones posteriores, garantizando así la continuidad de cada especie.

Corresponde la adaptación al proceso de cambio y adecuación paulatino de las especies, como a los cambios en el cuerpo o la conducta de las mismas que incrementan los márgenes de supervivencia.

De acuerdo con Raffino (2020), existen tres tipos de adaptación biológica al medio en que se vive:

a) **Morfológicas o estructurales**: las que ocurren cuando se varía el cuerpo mismo de la especie (variación anatómica), tanto en la pérdida o ganancia de miembros, especialización de los mismos, o desarrollo de mimetismos y coloraciones crípticas,

b) **Fisiológicas o funcionales**: son las que tienen que ver con alteraciones en el funcionamiento interno de los organismos, tales como el desarrollo de nuevos órganos, nuevas enzimas u hormonas para satisfacer una necesidad específica dentro del cuerpo, derivada del cambio en el entorno, y

c) **etológica o de comportamiento**: como su nombre lo indica, se refiere a los cambios comportamentales que las especies adoptan y transmiten a su descendencia para garantizar el éxito reproductivo y la supervivencia. Bien puede tratarse de mecanismos más efectivos de cortejo, modos de alimentación que implican menos riesgos, etc.

La actividad vital de adaptación y evolución conlleva necesariamente una transformación de los parámetros físicos del medio donde viven (Tortoza. 2015), de tal forma que los árboles, como los conocemos en la actualidad, presentan diversas adaptaciones interesantes de destacar, las que corresponden a adaptaciones que, al menos en sus ambientes naturales, les permiten competir de mejor forma por el espacio y el alimento para sobrevivir, a saber:

a.- **Adaptaciones a la sequía**: las plantas recurren a adaptaciones muy ingeniosas para racionar su provisión de agua en las zonas o épocas de sequía. Los primeros árboles fueron helechos arbóreos que crecían en ambientes húmedos. Los siguieron las gimnospermas que por presentar semillas fueron capaces de sobrevivir a períodos más secos y poblar lugares donde las pteridófitas de porte arbóreo nunca pudieron llegar. Por presentar vasos, las angiospermas tienen una mayor capacidad de almacenar savia bruta en su interior y se han distribuido por casi todo el globo terráqueo, excepto en la Antártida en la época reciente. De tal forma que la evolución de los árboles ha sido una batalla por lograr un cada vez mayor control por el agua.

Entre las adaptaciones a la sequía que presentan los árboles se encuentra una reducción de la superficie de transpiración para retener en su interior la mayor cantidad de agua posible, presentan adaptaciones morfológicas o estructurales en sus hojas, sobre todo aquellas especies que viven en zonas áridas o que deben soportar varios meses sin precipitaciones, cuentan con células especializadas denominadas tricomas las que cubren el envés de la hoja y permiten generar condiciones que disminuyen la pérdida de humedad cuando se abren los estomas, también las hojas forman cavidades que hunden los estomas, creando un microambiente que permite disminuir la pérdida de humedad., existen combinaciones de cavidades que presentan en su interior tricomas. En ambientes semiáridos generalmente los árboles presentan hojas pequeñas y coriáceas.

b.- **Mecanismos de defensa**: en párrafos anteriores hemos visto la capacidad que tienen los árboles, al igual que muchas otras plantas, de emitir compuestos orgánicos volátiles (COVs) a la atmósfera, como una forma de alertar a toda su estructura y a árboles vecinos respecto de un ataque de que está siendo objeto. No obstante, además de la emisión de COVs, existen otros mecanismos como por ejemplo la simbiosis entre hormigas (Pseudomyrmex genus) y acacia (Acacia cornigera), u otras especies, donde las hormigas reciben néctar a cambio de protección (Gill. 2009; Coronado-Rivera. 2020).

Otro ejemplo de mecanismo de defensa en las plantas radica en un grupo de proteínas extremadamente tóxicas: la ricina y la abrina. La ricina es aislada del árbol del ricino y actúa inhibiendo la síntesis de proteínas mediante la destrucción de una parte del ARNr 28S. Esta inactivación es provocada por la eliminación de una base de adenina que se encuentra en la posición 4324 del ARNr 28S (De la Peña y Loyola. 2017).

c.- **Estructura del Árbol**: conforman el árbol las partes aérea (caulinar) compuesta por tronco y copa y subterránea (sistema basilar) conformada por la raíz. La forma como crecen los árboles, sea que se trate de la raíz o del tronco y copa, son el resultado de la evolución y corresponden a adaptaciones que les proporcionan alguna ventaja en sus biomas de origen. La forma cónica de la copa de una conífera o la forma globosa de la copa de una latifoliada, el ángulo de inserción de las ramas en el tronco o eje principal, la dominancia de uno o varios ejes, corresponden a características específicas que los árboles poseen para desarrollarse, para competir captando de mejor forma la luz del sol o para acumular energía. El tronco cumple varias funciones, entre las que destaca ser el sostén de la copa del árbol.

La estructura del árbol evoluciona a través del tiempo y cada rama corresponde a una reiteración del eje principal, presentando las mismas características que, además, son propias para una determinada especie. En la medida que el árbol se desarrolla estas ramificaciones comienzan a surgir desde las ramas más antiguas, manteniendo sus formas características.

d.- **Arquitectura del Árbol**: La arquitectura de los árboles tiene que ver con la forma como las ramas de la copa de los árboles ocupan el espacio para optimizar su capacidad de hacer fotosíntesis. Al igual que la estructura de los árboles su arquitectura es la expresión de un programa genético característico. Con respecto a la arquitectura de los árboles Vester (2002) indica que un elemento clave en el estudio de la arquitectura arbórea es el reconocimiento de un patrón inicial de ramificación heredado, que se expresa entre la germinación y la floración, y que puede ser descrito como modelo arquitectónico o unidad arquitectónica.

Con base en el modelo arquitectónico se puede analizar cualquier árbol en cuanto a su historia de desarrollo, y hacer un diagrama del patrón de desarrollo de una especie desde árbol joven a senescente.

2.3. Los seres vivos son capaces de resolver problemas (inteligencia)

La segunda acepción del significado de la palabra inteligencia corresponde a *la capacidad de resolver problemas*, contenido provisto por la Real Academia de la Lengua y actualizado al año 2020. A su vez, según la misma fuente, un problema es un conjunto de hechos o circunstancias que dificultan la consecución de algún fin. Es evidente entonces que los árboles, que resuelven problemas de distinto tipo a través de todo su ciclo de vida, son inteligentes. Si nos basamos en los aspectos revisados en este texto, veremos que dentro de las características y propiedades que tienen los árboles, se encuentran aquellas que les permiten resolver problemas, como por ejemplo: autorregulación, movimiento, crecimiento y desarrollo, reproducción, adaptación y evolución, no obstante, para confirmar fehacientemente este aspecto, es necesario que a continuación avancemos más allá de lo hasta aquí revisado.

En el título referido a irritabilidad, es decir, la capacidad de responder a estímulos del medio ambiente, vimos que los árboles se comunican emitiendo compuestos orgánicos volátiles para comunicar sus partes aéreas, comunicarse con otros árboles y para atraer animales que ataquen a sus depredadores; en el suelo se comunican con otros árboles mediante el reconocimiento que los compuestos que estos emiten a la rizósfera o con la ayuda de micorrizas, siendo capaces de diferenciar a los patógenos de los microorganismos benéficos, son capaces de reconocen a los árboles de su misma especie y tienen respuestas diferenciadas entre estos y aquellos de otras especies; tienen mecanismos específicos para atraer a sus vectores polinizadores, etc. Sin embargo, aún quedan aspectos por señalar respecto de las capacidades de comunicación de los árboles.

Iniciaremos este apartado con un experimento realizado por Mónica Gagliano el año 1997, el que consistió en colocar plantas de arvejas (Pisum sativum) en un recipiente con dos tubos en forma de "y" invertida en su base, por donde podían crecer las raíces. En uno de los tubos de la base se expuso a la planta a una serie de sonidos, incluyendo ruido blanco, agua corriente y luego una grabación de agua corriente, pudiéndose observar que los sistemas radiculares de estas plantas no crecieron en la dirección del sonido de agua corriente cuando provenía de una grabación, pero si crecieron en la dirección del sonido de agua corriente que se movía a través de las tuberías o en el suelo, demostrándose de esta forma que pueden percibir las vibraciones sonoras que del agua provenía (Parra. 2017). Es decir: las plantas no solo absorben el agua que cae del cielo, sino que sus raíces son capaces de crecer hasta los lugares por donde escurre agua.

La misma investigadora diseñó un experimento para identificar asociaciones aprendidas en plantas para guiar su comportamiento de búsqueda de alimentos. En este caso se asoció a una fuente de luz una señal ambiental neutra consistente en una corriente de aire inducida por un ventilador. Cuando a las plantas se les presentaba un laberinto en forma de Y, crecían por el camino iluminado por donde también soplaba el aire, pero luego, en completa oscuridad y con el ventilador funcionando continuaban eligiendo la misma opción: habían aprendido a asociar la corriente de aire con la luz y lo recordaban (Gagliano. 2016). La investigadora señala que en ambos experimentos hay decisiones que adopta la planta, los que dependen de estímulos, identificándose un comportamiento opcional por parte del vegetal.

Un estudio realizado por Hadany et al. (2018) dirigido a la identificación de la respuesta de las flores de Oenothera drummondii a los polinizadores consistente en la reproducción del sonido natural de los aleteos de las abejas (0.2 a 0.5 kilohertz) encontró que, a los tres minutos de la exposición a estas grabaciones, las flores producían néctar con una concentración de azúcar significativamente mayor, así como en respuesta a sonidos artificiales que contienen similares frecuencias (0.05 a 1 kilohertz), en comparación con las flores expuestas a sonidos de alta frecuencia o ningún sonido. La concentración promedio de azúcar fue un 20% más alta en las flores expuestas a frecuencias similares a las de los polinizadores.

Al abordar en una investigación los sonidos que emiten las plantas sea que se encuentren estresadas por la sequía como aquellas a las que se corta el tallo, Hadany et al. (2019) identificaron que estas emiten significativamente más sonidos que las plantas de cualquiera de los grupos de control sin estrés. Un posible mecanismo que podría estar generando los sonidos registrados es la cavitación, el proceso por el cual las burbujas de aire se forman y explotan en el xilema. Se ha demostrado que las explosiones de cavitación producen vibraciones, pero nunca se ha probado si estos sonidos se transmiten a través del aire a intensidades que pueden ser detectadas por otros organismos. Independientemente del mecanismo específico que los genere, los sonidos registrados contienen información y pueden ser escuchados por muchos organismos .

La ocurrencia de mimetismo de hojas en una planta es también un comportamiento interesante. Esta vez se trata de la trepadora endémica del bosque lluvioso templado de Chile: la vid leñosa Boquila trifoliolata. Esta especie es capaz de imitar las hojas de los árboles que la sostienen en términos de tamaño, forma, color, orientación, longitud del pecíolo y/o rotación de la punta. Además, el mimetismo secuencial de hojas ocurre cuando una sola vid individual se asocia con diferentes especies de árboles. Las hojas de las enredaderas sin soporte difieren de las hojas de las plantas trepadoras asociadas estrechamente con el follaje de los árboles, pero no difieren de las enredaderas que trepaban por los troncos sin hojas. Un mismo ejemplar de B. trifoliolata es capaz de imitar a varios huéspedes (Gianoli. 2014).

También respecto de las señas de inteligencia que presentan los árboles, el ecólogo Francis Hallé (2019) señala entre otros muchos ejemplos, los dos siguientes: a) Al talar un árbol de pino Oregón o abeto de Douglas (Pseudotsuga menziesii) la cepa sigue viva debido a que sus raíces están soldadas a las raíces de los árboles vivos que se encuentran alrededor, mecanismo por donde recibe energía. Esto le permite cicatrizar. De esa forma pasa a formar parte de los otros árboles y es capaz de enviar savia bruta a los árboles que le han apoyado. b) El segundo ejemplo proviene del libro de Peter Wohlleben (2016) y se refiere a las largas raíces de los árboles en un bosque de hayas que se encuentran con retoños de diversos árboles de distintas especies en su camino. Las raíces de haya no muestran competencia con las plantas de renuevo que son sus hijos, sin embargo, cuando encuentran plántulas que no son sus hijos si aparece competencia: las raíces de las hayas adultas disputan el terreno con las plántulas de otras hayas del lugar.

También los árboles tienen capacidades que les permiten enfrentar y resolver en muchos casos los problemas que se les presentan, relacionados con aspectos de nutrición, crecimiento, polinización, estrés, contaminación, o también con ataques de herbívoros, insectos u otro patógeno o incendios, de tal forma que poco se discute en la actualidad sobre su inteligencia. Si bien no todas las especies poseen las mismas capacidades, es indudable que su largo período de evolución, reflejado también en un elevado número de cromosomas, les permite disponer de respuestas que aseguren su sobrevivencia. Pero así como el árbol ha sido humanizado en exceso, al asegurar por ejemplo que los árboles pueden escuchar y también ver, que los árboles tendrían cerebro y que este estaría ubicado en el ápice de su raíz, así también ha sido analizado desde un punto de vista demasiado humano, es decir: de forma individual.

El árbol no es un ser individual debido a que posee adaptaciones desde muy antiguo, las que le han permitido crear alianzas con miles de especies, entre las que se cuentan: aves, mamíferos, reptiles, insectos y numerosos microorganismos que conforman su microbioma. La importancia de mirar a los árboles como parte del ecosistema en que se desarrollan radica en la posibilidad de que sean, precisamente, esas especies acompañantes las que informen al árbol de gran parte de lo que ocurre en su exterior, señales que el árbol entendería, no solo porque son cercanas y provienen de amigos, sino porque serían complementarias a sus propios sistemas de alerta.

A modo de ejemplo recordar los resultados obtenidos por Simard (1997) a partir de la investigación titulada "*Transferencia neta de carbono entre especies de árboles ectomicorrízicos en el campo*" y de diversas investigaciones posteriores sobre el tema. Uno de los aspectos que Simard y su equipo han dilucidado es la capacidad de los árboles adultos para alimentar a los retoños que lo circundan, sean de la misma especie u otra. También se logró identificar que los árboles eran capaces de reconocer a las plántulas de su misma especie, a las que aportaban más energía que a las demás plantas cercanas. Recordemos que las especies con que se trabajó fueron Betula papyrifera, Pseudotsuga menziesii y Thuja plicatalas.

Bien. Entonces la pregunta es la siguiente: si los árboles contactan a otros árboles a través de los miscelios de hongos micorrízicos ¿Como es que el árbol adulto, logra identificar a los renuevos de su misma especie si estar en contacto directo? Es interesante este aspecto ya que podríamos deducir que es el hongo micorrízico el que recibió una señal de la plántula y entregó intacta esa información al "árbol madre". O quizás fueron las hifas del hongo las que lograron establecer el vínculo entre el "árbol madre" y las plántulas cercanas. De cualquier forma, son las especies del microbioma de los árboles, en este caso los hongos micorrízicos, los que participan activamente de este reconocimiento entre especies arbóreas.

En el caso de los kudúes de Sudáfrica encerrados y muertos por ramonear insistentemente Acacia caffra, se ha identificado al etileno (C_2H_4) como el compuesto que emiten las acacias que han sido mordisqueadas por los antílopes, gas que al ser transportado por el viento es reconocido por las demás acacias a las que llega, las que sin daño alguno por parte de los kudúes comenzaban a elaborar también una respuesta: tanino, el que destroza el hígado de los antílopes. Gunter Van Hoven, quién identificó este mecanismo de defensa de los árboles, descubrió que la concentración en las hojas de este veneno variaba y que las acacias sometidas a un ramoneo intenso producían más tanino. Surge nuevamente la pregunta respecto de la función que tiene el microbioma, ahora en la filósfera, y su capacidad para advertir a la planta respecto de cambios que ocurran en el aire, debido a que es el microbioma de la planta el que percibe primero al etileno en el aire.

Si consideramos la cantidad de especies que conforman el microbioma de los árboles, sea que tales organismos residan en la rizósfera, en la corteza de tronco y ramas o en la filósfera de estos, nos daremos cuenta que el árbol ha creado elaboradas estrategias de mutualismo que forman parte de su capacidad de resiliencia, entre las que están, sin duda, el intercambio de información entre especies al detectar cambios en el ambiente. Si nos aventuramos un poco en pensar al árbol como la estructura viva donde se hospedan miles y millones de organismos de las más distintas especies, es imposible que el microbioma permanezca indiferente a los cambios del ambiente. Los cambios en el microbioma son cercanos y fáciles de captar por parte del árbol.

La inteligencia del árbol no es solo respecto de cada árbol, es de todos los árboles y de las distintas especies de árboles, de todas las plantas que viven con los árboles, de todas las especies del microbioma y animales invertebrados y vertebrados que viven en y con los árboles, es del ecosistema en que forma parte cada árbol, es una inteligencia colectiva, una inteligencia ampliada, la inteligencia del árbol que se vincula con todas las especies del planeta, Ese es el sentido último de la conexión de todas las especies con el árbol: el árbol de la vida.

2. 4. Bibliografía

1.- Acharya, B., Appel, H., Jagadeeswaran, G., Klessig, D., Maqbool, S., Mosher, S., y Raina, R., Raina, S., Schultz, J.. 2007. Arabidopsis GH3-LIKE DEFENSE GENE 1 es necesario para la acumulación de ácido salicílico, la activación de las respuestas de defensa y la resistencia a Pseudomonas syringae. https://doi.org/10.1111/j.1365-313X.2007.03130.x

2.- Aguilar, M. 2000. Biomecánica: la física y la biología. Pg. 325.

3.- Alcantara, J.S., Acero, J., Alcántara, J.D. y Sánchez, R. 2019. Principales reguladores hormonales y sus interacciones en el crecimiento vegetal. http://www.scielo.org.co/pdf/nova/v17n32/1794-2470-nova-17-32-109.pdf

4.- Alegría, W. 2016. Texto Básico para profesionales de Ingeniería Forestal. https://docplayer.es/27775768-Texto-basico-para-profesional-en-ingenieria-forestal-en-el-area-defisiologia-vegetal.html

5.- Alemán-Sancheschúlz, G, Solano, E. y López-Portillo, J. 2018. La arquitectura hidráulica de las plantas vasculares terrestres, una revisión. https://www.redalyc.org/jatsRepo/617/61762764021/html/index.html

6.- Amezcua y Vera. 2012. Las plantas y sus acuaporinas. https://www.revistaciencia.amc.edu.mx/images/revista/63_1/PDF/09_671_Acuaporinas.pdf

7.- Angulo, A., Avendaño, R. y Galindo, A. 2012. Biología Básica. Bachillerato Plan 2009. 8a Edición. Sinaloa. México. https://www.guao.org/sites/default/files/biblioteca/Biologia%20Basica.pdf

8.- Antoniazzi, R. y Dáttilo, W. 2020. Una Frontera Desconocida: la copa de los árboles. https://www.inecol.mx/inecol/index.php/es/2013-06-05-10-34-10/17-ciencia-hoy/1050-una-frontera-desconocida-la-copa-de-los-arboles

9.- Appel, H., Carlson, J., De Moraes, C., Frost, C., Mescher, M., Schultz, J. 2007. La señalización dentro de la planta a través de volátiles supera las limitaciones vasculares en la señalización sistémica y prepara las respuestas contra los herbívoros. https://doi.org/10.1111/j.1461-0248.2007.01043.x

10.- Appel, HM, Cocroft, RB. 2014. Las plantas responden a las vibraciones de las hojas causadas por la masticación de insectos herbívoros. Oecologia 175, 1257-1266 (2014). https://doi.org/10.1007/s00442-014-2995-6

11.- Avendaño, M. 2016. La reproducción de las plantas: costos y beneficios. Revista Ciencia. Octubre-diciembre de 2016. Pgs. 80 – 84. https://www.revistaciencia.amc.edu.mx/images/revista/67_4/PDF/ReproduccionPlantas.pdf

12.- Baldwin, I. y Schultz, J. 1983. Rapid Changes in Tree Leaf Chemistry Induced by Damage: Evidence for Communication Between Plants. https://schultzappel.files.wordpress.com/2014/06/baldwin-and-schultz-1983.pdf

13.- Barrico, L., Castro, H., Pereira, A., Gonçalves, M., Freitas, H., Castro, P. 2017. Biodiversidad vegetal y microbiana en bosques urbanos y jardines públicos: perspectivas para el desarrollo sostenible de las ciudades Los enlaces de autor abren el panel de superposición. https://www.sciencedirect.com/science/article/abs/pii/S1618866717302650

14.- Benito, J., Escobar, M., y Villaseñor, N. 2019. Conservación en la ciudad: ¿Cómo influye la estructura del hábitat sobre la abundancia de especies de aves en una metrópoli latinoamericana?. Gayana (Concepción), 83(2), 114-125. https://dx.doi.org/10.4067/S0717-65382019000200114

15.- Berry, C. 2017. Los fósiles de los árboles más antiguos del mundo revelan una anatomía compleja nunca antes vista. https://phys.org/news/2017-10-fossils-world-oldest-trees-reveal.html

16.- Bidwell, R.G.S. 1993. Fisiología Vegetal. Primera Edición en Español. AGT Editor, S.A. México. http://exa.unne.edu.ar/biologia/fisiologia.vegetal/fisiologiavegetalbidwell.pdf

17.- Bray, N. y Wickings, K. 2019. El papel de los invertebrados en el microbioma del suelo urbano. Ecol. Evol., 25 de septiembre de 2019. https://www.frontiersin.org/articles/10.3389/fevo.2019.00359/full

18.- Castillo, I. 2011. El caso de los árboles asesinos. https://ireneu.blogspot.com/2011/01/el-caso-de-los-arboles-asesinos.html

19.- Cañón, J. y Fernández, J. 2012. Glosario de Términos y Conceptos Genéticos. Universidad Complutense de madrid. # https://www.genome.gov/es/genetics-glossary/Fenotipo

20.- Chanes, R. 2009. Deodendron.

21.- Cebolla, J. 2021. Sistemas Reproductivos en Plantas Autogamia Alogamia. Reproducción Vegetativa. https://www.youtube.com/watch?v=JuvLaxawOwQ

22.- Churkina, G. 2012. Árboles Contaminantes. https://www.

investigacionyciencia.es/files/15573.pdf

23.- Corada, K. 2012. Estudio de compuestos orgánicos volátiles biogénicos de especies arbóreas : crecimiento e incidencia en la química troposférica. http://repositorio.uchile.cl/handle/2250/111275

24.- Coronado-Rivera, J., Solís-Del Valle, M. y Amador-Vargas, S. 2020. True bugs living on ant-defended acacias: evasion strategies and ant species preferences, in Costa Rica and Panama. Revista de Biología Tropical, 68(2), 415-425. https://dx.doi.org/10.15517/rbt.v68i2.38505

25.- Courtis, A. 2014. Crecimiento y Desarrollo. Cátedra de Fisiología Vegetal. UNNE. http://exa.unne.edu.ar/biologia/fisiologia.vegetal/Gu%C3%ADa%20de%20Estudio-Crecimientoydesarrollo.pdf

26.- De la Peña y Loyola. 2017. De la Genética a la Epigenética. Fondo de Cultura Económica. 288 págs.

27.- Del Pozo, D. 2018. Enfermedades respiratorias producidas por mutilaciones de árboles urbanos http://arboriculturaurbana.blogspot.com/2018/06/los-arboles-emiten-compuestos-organicos.html

28.- Díaz de la Guardia, M. 2004. Fisiología de las Plantas. Grupo Editorial Universitario.

29.- Doty, S, Sher, A, Fleck, N, Khorasani, M, Bumgarner, R, Khan, Z, et al. (2016) Variable Fijación de Nitrógeno en Populus silvestre. PLOS ONE 11 (5): e0155979. https://doi.org/10.1371/journal.pone.0155979

30.- Gagliano, M., Vyazovskiy, V., Borbély, A., Grimonprez, M. y Marcial, D. 2016. Aprendizaje por asociación en plantas. https://www.nature.com/articles/srep38427

31.- Gagliano, M., Grimonprez, M., Depczynski, M. et al. Sintonizado: las raíces de las plantas utilizan el sonido para localizar el agua. Oecologia 184, 151–160 (2017). https://doi.org/10.1007/s00442-017-3862-z

32.- Galindo, A., Avendaño, R. y Angulo, A. 2009. Biología Básica. Bachillerato Plan 2009. Universidad Autónoma de Sinaloa. https://www.guao.org/sites/default/files/biblioteca/Biologia%20Basica.pdf Visitado el 31.08.2020.

33.- García, F, Gandía, F. y Escribano, J. 2011. Flores Fluorescentes. https://www.investigacionyciencia.es/files/2981.pdf

34.- Gianoli, E. y Carrasco-Urra, F. 2014. La imitación de hojas en una planta trepadora protege contra la herbivoría. https://www.sciencedirect.com/science/article/pii/S0960982214002693

35.- Gill, V. 2009. Acacia y hormiga, la una para la otra. https://www.bbc.com/mundo/ciencia_tecnologia/2009/12/091230_1133_hormigas_lp

36.- Gómez-Díaz, J., Etchevers-Barra, J., Monterrosos-Rivas, A., Campo-Alvez, J. y Tinoco-Rueda, J. 2011. Ecuaciones alométricas para estimar biomasa y carbono en Quercus magnoliaefolia. Revista Chapingo serie ciencias forestales y del ambiente, 17(2), 261-272. https://doi.org/10.5154/r.rchscfa.2010.11.117

37.- González, A. 2002. Pared Celular. https://botanica.cnba.uba.ar/Pakete/3er/LaCelula/ParedCelular.htm

38.- Gyenge, J., Fernández, M., Sarasola, M., de Urquiza, M. y Schlichter, T. 2009. Ecuaciones para la estimación de biomasa aérea y volumen de fuste de algunas especies leñosas nativas en el valle del río Foyel, NO de la Patagonia argentina. Bosque (Valdivia), 30(2), 95-101. https://dx.doi.org/10.4067/S0717-92002009000200005

39.- Moore, W. 2002. El modelo de las zonas del árbol. http://www.trepalari.org/documentos/actividades/zonas_arbol.pdf

40.- Hallé, F. 2019. ¿Existen las plantas inteligentes?. https://www.youtube.com/watch?v=6c55MAbYmyo

41.- Helliker, B. y Richter, S. 2008. Subtropical to boreal convergence of tree-leaf temperatures. Nature. 2008 Jul 24;454(7203):511-4. https://pubmed.ncbi.nlm.nih.gov/18548005/

42.- Hernández, G. 2001. Libro de Botánica Online. Capítulo: Transpiración. http://www.forest.ula.ve/~rubenhg/transpiracion/

43.- Hernández, R. 2009. Libro Botánica Online. Capítulo: Translocación por el Xilema. http://www.forest.ula.ve/~rubenhg/translocacion_xilema/index.html

44.- Herrero, M. 2007. Chivatos vegetales. https://www.elmundo.es/suplementos/natura/2007/18/1192226422.html

45.- Huges, S. 1990. Antílope activa el sistema de alarma de la acacia. https://www.newscientist.com/article/mg12717361-200-antelope-activate-the-acacias-alarm-system-/

46.- Iglesias, D. y Talón, M. 2008. Giberelinas. En Azcón-Bieto, J. y Talón, M. Fundamentos de Fisiología Vegetal. Barcelona. España. McGraw-Hill – Interamericana de España.

47.- INFOR. 1998. Caracterización de la Sequoia Sempervirens. https://bibliotecadigital.infor.cl/bitstream/handle/20.500.12220/4016/11710.pdf;jsessionid=23F27F3A209285BE1BA87E3CE3E43324?sequence=1

48.- Iñiguez, G. 2007. Apuntes de gestión de la estructura del arbolado urbano. https://www.jardin-natural.com/wp-content/uploads/2017/12/gestdelaestructura2.pdf

49.- Jiménez, L. et al. 2006. Conocimientos Fundamentales de Biología. Vol. I. Pearson Educación. , México. http://www.conocimientosfundamentales.unam.mx/vol1/biologia/pdfs/interior.pdf

50.- Kembel, S.W., O'Connor, T.K., Arnold, H.K., Hubbell, S.P., Wright, S.J. and Green, J.L. 2014 Relaciones entre las comunidades bacterianas de la filosfera y los rasgos funcionales de las plantas en un bosque neotropical. https://www.pnas.org/content/111/38/13715

51.- Hadany, L. et al. 2019. Las plantas emiten sonidos informativos en el aire bajo estrés. https://doi.org/10.1101/507590

52.- Hadany, L. et al. 2018. Las flores responden al sonido de los polinizadores en cuestión de minutos aumentando la concentración de azúcar del néctar. https://doi.org/10.1101/507319

53.- Klein, J. 2018. Los sistemas secretos de las plantas cuando son atacadas https://www.nytimes.com/es/2018/09/17/espanol/plantas-clorofila-mensajes.html

54.- Laforest, I., Messier, C., Kembel, SW. 2017. La estructura y diversidad de la comunidad bacteriana de las hojas de los árboles difieren a lo largo de un gradiente de intensidad urbana. mSystems 2: e00087-17. https://doi.org/10.1128/mSystems.00087-17.

55.- Llacsa, L. 2016. Identificación molecular de microorganismos asociados a la rizósfera y filósfera de los guayacanes (Tabebuia chrysantha y Tabebuia billbergii) y evaluación de cepas aisladas en el proceso inicial de desarrollo de plántulas. http://repositorio.concytec.gob.pe/bitstream/20.500.12390/114/3/2016_Llacsa_Identificacion-molecular-microorganismos.pdf

56.- Lobato, R. y Cidrás, J. 2012. Evolución vegetal: la conquista de la tierra firme. Curso de Botánica – Arquegoniadas. Universidad de Vigo, España. https://www.uv.mx/personal/tcarmona/files/2016/08/Lobato-y-Cidras-2012.pdf

57.- Malleux, J. 1970. Estudio de la Relación DAP con el diámetro de copa en un bosque húmedo subtropical. Revista Forestal del Perú. V.4 (1-2):1-5. https://revistas.lamolina.edu.pe/index.php/rfp/article/view/1089

58.- Manríquez, A. 2010. Características de los estomas, densidad e índice estomático en secuoya (Sequoia sempervirens) y su variación en diferentes plantaciones de Chile https://scielo.conicyt.cl/pdf/bosque/v31n2/art09.pdf

59.- Meloni, D. 2015. Módulos de estudio para ingreso a medicina: biología. 1ª edición. Santiago del Estero: Universidad Nacional de Santiago del Estero (UNSE). E-Book. https://www.unse.edu.ar/archivos/Mdulo%20Biologa%202.0.pdf

60.- Mills, J., Bissett, A., Gellie, N., Lowe, A., Selway, C., Thomas, T., Weinstein, P., Weyrich, L. y Raza, M. 2020. La revegetación de espacios verdes urbanos regenera la microbiota del suelo con implicaciones para la salud humana y el diseño urbano. https://onlinelibrary.wiley.com/doi/epdf/10.1111/rec.13175

61.- Mineduc. 2012. La irritabilidad. Propiedad Fundamental de los seres vivos. http://ftp.e-mineduc.cl/cursoscpeip/CsNat/1-3-basico/I/Unidad1/documentos/LA_IRRITABILIDAD.pdf Visitado el 01.09.2020.

62.- Montoliu, L. 2020. ¿Qué es y por qué es tan importante la epigenética? https://www.youtube.com/watch?v=s83b9Y4Q5qg

63.- Moore, W.. 2002. El Modelo de Zonas de Vida de los árboles. arbres et sciences numero 8 hiver 2002/03- volume II. https://es.slideshare.net/santiagodelpozo1/el-modelo-de-las-zonas-del-rbol

64.- Nabors, M. 2006. Introducción a la botánica. . Capítulo 10: El Transporte en los vegetales. https://bibliotecaia.ism.edu.ec/Varios/IntroduccionBotanica.pdf

65.- Novoplansky, A. 2012. Cómo las plantas se comunican a través de las raíces. https://www.youtube.com/watch?v=aClSp71zfro

66.- Olivella, P. 2013. Vida interior de los árboles. https://nexciencia.exactas.uba.ar/hongos-endofitos-micologia-fitopatologia-carmaran-novas

67.- Parada, R. 2020. Nastias: tipos, características y ejemplos. https://www.lifeder.com/nastias/

68.- Parra, S. 2017. Se descubre que las plantas 'oyen' el sonido para encontrar agua. https://

www.xatakaciencia.com/biologia/se-descubre-que-las-plantas-oyen-el-sonido-para-encontrar-agua

69.- Peña-Rojas, K. 2012. Hormonas Vegetales. https://www.u-cursos.cl/forestal/2012/1/CB015/1/material_docente/bajar?id_material=491506

70.- Puicán, C. 2018. Características de los Seres Vivos. https://www.studocu.com/gt/document/universidad-francisco-marroquin/biologia/otros/caracteristicas-de-los-seres-vivos/4036223/view

71.- Préndez, M. y Peralta, H. 2005. Determinación de Factores de Emisión de Compuestos Orgánicos Volátiles de Dos Especies Arbóreas Nativas de La Región Metropolitana, Chile. https://scielo.conicyt.cl/scielo.php?script=sci_arttext&pid=S0718-07642005000100004

72.- Raisman, J. y González, A. 2013. Seres Vivos – Celulares. Hipertextos de Biología. Universidad Nacional del Nordeste. http://www.biologia.edu.ar/introduccion/3intro.htm

73.- Reese, A., Savage, A., Youngsteadt, E. et al. El estrés urbano está asociado con la variación en la composición de especies microbianas, pero no con la riqueza, en Manhattan. ISME J 10, 751–760 (2016). https://doi.org/10.1038/ismej.2015.152

74.- Rodríguez, C. 2019. La vida que agoniza en cada hectárea. https://amerindiaenlared.org/contenido/14383/la-vida-que-agoniza-en-cada-hectarea/

75.- Rojas, J. 2012. Reproducción sexual de plantas. https://es.slideshare.net/ocelotlunam/reproduccin-sexual-en-plantas-14905301

76.- Romero, C, 2005. Origen y diversificación de las Angiospermas. https://personal.us.es/zarco/carromzar/Paleo/Paleo6.html

77.- Sánchez, J. y Bedolla, B. 2020. ¿De donde vienen las plantas? http://www.inecol.mx/inecol/index.php/es/component/content/article/17-ciencia-hoy/1087-de-donde-vienen-las-plantas

78.- Segura, J. 2008. Introducción al desarrollo. Concepto de hormona vegetal. En Azcón-Bieto, J. y Talón, M. Fundamentos de Fisiología Vegetal. Barcelona. España. McGraw-Hill – Interamericana de España.

79.- Simard, S. 2016. Los árboles se comunican entre si. https://www.ted.com/talks/suzanne_simard_how_trees_talk_to_each_other/transcript?language=es#t-203847

80.- Simard, S. 2018. Los árboles hablan entre si. https://www.youtube.com/watch?v=QXgqW2vXbm0

81.- Sotolongo, R., Geada, G. y Cobas, M. 2012.Mejoramiento Genético Forestal. Texto para estudiantes de Ingeniería Forestal http://www.fao.org/fileadmin/user_upload/training_material/docs/Mejoramiento%20Genetico%20Forestal.pdf

82.- STRI/DICYT. 2014. Pequeñas muestras de hojas de árboles tropicales albergan más de 400 bacterias. https://www.dicyt.com/noticias/pequenas-muestras-de-hojas-de-arboles-tropicales-albergan-mas-de-400-bacterias

83.- Tamarit. 1996. Determinación de los índices de calidad de pulpa para papel de 132 maderas latifoliadas. Madera y Bosques 2(2), 1996:29-41. https://www.redalyc.org/pdf/617/61720204.pdf

84.- Torres, M. 2012. La fisiología de la absorción y conducción de agua y minerales a través del xilema en plantas vasculares y el desarrollo de la inteligencia visual y espacial como propuesta para su aprendizaje. https://repositorio.unal.edu.co/handle/unal/9910

85.- Tortoza, D. 2015. Características generales de los seres vivos. https://www.murciaeduca.es/iesdiegotortosa/sitio/upload/UNIDAD_4_LAS_CARACTER%CDSTICAS_DE_LOS_SERES_VIVOS.pdf

86.- Toyota, M et Al. 2018. El glutamato desencadena la señalización de defensa de las plantas a base de calcio a larga distancia.

https://science.sciencemag.org/content/361/6407/1112

87.- Universidad Nacional Autónoma de México. Pearson Educación. http://www.conocimientosfundamentales.unam.mx/vol1/biologia/pdfs/interior.pdf

88.- UNNE. 2013. Gimnospermas. http://exa.unne.edu.ar/carreras/docs/2-Gimnospermas_2013.pdf

89.- Uriarte, E. 2012. Polinización. https://www.slideshare.net/jugafoce/polinizacion-13814060

90.- Vallejos, J., Badilla, Y., Picado, F., Murillo, O. 2010. Metodología para la selección e incorporación de árboles plus en programas de mejoramiento genético forestal. https://www.scielo.sa.cr/scielo.php?
script=sci_arttext&pid=S0377-94242010000100011

91.- Hadany, L. et al. 2018. Las flores responden al sonido de los polinizadores en cuestión de minutos aumentando la concentración de azúcar del néctar. https://doi.org/10.1101/507319

92.- Vester, H. 2002. Modelos arquitectónicos en la flora arbórea de la Península de Yucatán. https://www.redalyc.org/pdf/577/57707103.pdf

93.- Villa, M. 2017. Aportes del estudio histórico y filosófico de los textos originales de A. B. Frank a la Enseñanza de las Micorrizas. https://bibliotecadigital.univalle.edu.co/bitstream/handle/10893/12348/CB-0575722.pdf?sequence=1&isAllowed=y

94.- Villagómez, G. 2015. Generalidades de Metabolismo. https://www.youtube.com/watch?v=r5kJZTWnpuU

95.- Wall, L. 2019. La ecología microbiana y la agricultura. https://horizonteadigital.com/la-ecologia-microbiana-y-la-agricultura/

96.- Wikipedia a). 2020. Arabidopsis thaliana https://es.wikipedia.org/wiki/Arabidopsis_thaliana

97.- Wikipedia b). 2020. Familia de Proteínas. https://es.wikipedia.org/wiki/Familia_de_prote%C3%ADnas

98.- Zacarías, L. y Lafuente, M. 2008. Etileno, ácido abscísico y otros reguladores del desarrollo. En Azcón-Bieto, J. y Talón, M. Fundamentos de Fisiología Vegetal. Barcelona. España. McGraw-Hill – Interamericana de España.

EPÍLOGO

Luego del análisis realizado respecto del efecto de los árboles en las personas, su relación con nuestra felicidad y de las características y propiedades de los árboles que al expresarse hacen posible que dicho efecto alcance su máximo en cantidad y calidad sobre el ser humano, se hace difícil que exista duda alguna respecto de la necesidad de su presencia en las urbes logrando una cercanía entre estas especies y nosotros, con árboles sanos y vigorosos.

Lo más probable es que al avanzar en la lectura del texto, en la mente del lector surgieran dudas respecto de la forma mecánica y agresiva como se trata a los árboles urbanos, junto con la ausencia de árboles en gran parte de nuestras ciudades. Es decir, si los árboles urbanos hacen tanto bien a los seres humanos ¿Por qué son tan mal tratados? ¿Por qué faltan tantos árboles en los distintos barrios de las ciudades? ¿Por qué se repiten siempre los mismos árboles? Se trata de dar respuesta a una situación que no es endémica de nuestro territorio, muy por el contrario, es recurrente en todas las ciudades del mundo: se ha terminado por tratar al árbol con un desconocimiento absurdo respecto de sus características, propiedades y efecto sobre la humanidad.

Respecto de la utilización de las mismas especies de hábito arbóreo en todas las latitudes del planeta es importante destacar que es enorme su variedad en el mundo. Según un estudio realizado en el año 2017 por la Asociación Internacional de Jardines Botánicos para la Conservación (BGCI), las distintas especies de árboles que existen en la Tierra ascienden a 60.065, siendo Brasil el país que tiene la mayor cantidad, alcanzando las 8,715 especies, seguido por Colombia (5.776) y luego Indonesia (5.142), cifras que coinciden con el potencial que representa el bioma tropical. De este total menos de un 1% aproximadamente se utiliza en ambientes urbanos en el mundo, lo que equivale a un promedio de 6.006 especies distintas, que se repiten ciudad tras ciudad, región a región, país tras país. Por dar un ejemplo, mencionar que en comunas pobres de Chile central la variabilidad promedio no supera las 40 especies arbóreas distintas.

Si bien es importante que los árboles urbanos formen parte de indicadores de felicidad, implementados a nivel global y nacional, se requiere contar con políticas que den cuenta de los distintos componentes que deben ser abordados para superar las enormes debilidades que presenta la gestión del arbolado urbano. Es importante destacar el interés que existe en muchos países por generar políticas e instrumentos adecuados para lograr una correcta gestión del arbolado viario y de áreas verdes, los que van desde programas y proyectos hasta la creación de nueva legislación, intentando posibilitar de esta forma que se logre el propósito señalado. Pero, es que ¿Acaso se requiere un cambio de paradigma para avanzar en esa dirección? La respuesta a esa pregunta es una sola: Claro que sí!!

La elaboración de políticas nacionales de arbolado urbano existe en muy pocos países, y la formulación de programas potentes de gestión del arbolado urbano son más bien escasos, sobre todo cuando se observa el tipo de árbol resultante después de que estos son intervenidos, por lo que se puede afirmar que hasta la fecha subsisten serias debilidades en la formulación de políticas y su implementación.

Considérese que si se tiene a la vista la definición de árbol que proporciona la Real Academia de la Lengua, que lo define como planta perenne, de tronco leñoso y elevado, que se ramifica a cierta altura del suelo, podemos agregar un segundo parámetro a este análisis, que es precisamente la altura total del árbol, de tal forma que cumpliendo con esas características existen árboles que son muy pequeños, que alcanzan una altura de entre 4 a 6 metros hasta árboles monumentales que superan los 100 metros hacia el cielo. Frente a tal variedad de tamaños y especies, considerando los distintos biomas terrestres, debería ser posible contar con múltiples alternativas que pudieran ser establecidas en los lugares más diversos que encontramos en las zonas urbanas.

Sin embargo además de repetir las mismas especies una y otra vez en las distintas ciudades del mundo, se ha llegado al extremo de usarlas en climas extremadamente opuestos, que van desde zonas desérticas hasta zonas lluviosas, desde la costa hasta el límite de la vegetación en altitud. A modo de ejemplo se puede mencionar el caso de Robinia pseudoacacia en Chile, especie que se cultiva desde la región de Antofagasta hasta la región de Los Lagos, con precipitaciones anuales que en promedio alcanzan los 148 mm. y 1.556 mm. respectivamente. Consideremos que este árbol proviene de los montes Apalaches y que en su distribución natural Robinia pseudoacacia L. crece en regiones de clima húmedo, donde las precipitaciones anuales varían entre 1.000 a 1.500 mm, de los cuales un promedio de 500 a 700 mm se registran en la estación de crecimiento. Es fácil darse cuenta que con menos de 500 mm. de precipitación anual, esta especie comenzará a tener problemas y no logrará alcanzar un desarrollo óptimo.

El caso de especies arbóreas que son establecidas en zonas que están fuera del rango climático en que evolucionaron, las que, por ejemplo, son sometidas a estrés hídrico permanente, sea que esta se deba a bajas precipitaciones, una baja humedad relativa permanente, suelos livianos o compactados u otra situación, corresponde a uno de los aspectos que dificultan seriamente el cultivo de los árboles urbanos, ya que los árboles no logran expresar sus características y propiedades. Consideremos que al desconocer los aspectos ambientales señalados se afecta también la biodiversidad asociada a cada especie.

Es imposible que la presencia de árboles que crecen con dificultades logre generar emociones positivas en los seres humanos, lo que afecta necesariamente nuestros estados de ánimo y también nuestros sentimientos. Lo mismo ocurre con los árboles que año tras año son triturados en vida, actividad humana que en el caso de árboles urbanos se denomina poda, la que altera su arquitectura natural y deforma sus estructuras, generando un daño irreparable. Anticipo al lector que este será uno de los temas centrales del tercer libro sobre este mismo tema.

Son aquellos árboles que mantienen su integridad, vigor y sanidad, independientemente de su especie, altura y origen, los que nos producen un efecto benéfico, lo que de acuerdo a lo revisado se caracterizan por una serie de cambios positivos que ocurren en nuestro cuerpo. Cuando estamos frente a árboles de esas características, nos ocurre un fenómeno complejo que se intenta explicar mediante la Teoría de Ensamble Evolutivo, lo que permite dar cuenta de forma coherente de diversos efectos que de forma conjunta los árboles producen en el cuerpo humano: una sensación única de felicidad y armonía.

Estos árboles sanos y vigorosos, que son sistemas capaces de producir aquellos procesos que les permiten repararse, mantenerse y modificarse a sí mismos, es decir: son autopoiéticos, presentan características y propiedades que les permiten cumplir con esa característica, las que pueden agruparse en los diez aspectos ya revisados con sus respectivas definiciones, cuya comprensión, respeto y protección, permiten al árbol un desarrollo óptimo en todo su ciclo de vida.

En este texto hemos visto que son numerosas las investigaciones que en los últimos 25 años se han realizado sobre los árboles y en especial respecto de los árboles urbanos, de las cuales aquí se ha revisado un número importante de ellas, cuyos resultados dan contenido a las características y propiedades específicamente de los árboles, las que de acuerdo a lo analizado en el capítulo anterior, se agrupan en los siguientes conceptos: organización compleja, homeostasis, metabolismo, ciclo vital, movimiento, irritabilidad, autoreplicación, adaptación y evolución, genotipo y fenotipo. También se abordan de forma separada los resultados de diversas investigaciones, las que demuestran que los árboles presentan un tipo de inteligencia, la que se caracteriza por su capacidad para resolver los problemas que atentan contra su desarrollo.

De esta revisión destaca la capacidad que tiene el árbol para albergar en su estructura caulinar y radicular a miles de especies de microorganismos (microbioma), algunos benéficos y otros destructivos, con los que es capaz de comunicarse de diversas formas. También alberga a organismos como hongos, musgos y animales de diferente tipo. Esta característica de los árboles, esta forma de vida extendida con la que interactúa de forma permanente, a la que entrega y de la que recibe también los más diversos elementos, es lo que vinculamos con el arquetipo de Árbol de la Vida, aquel árbol que está conectado con todas las formas de viva existentes.

Esta mirada tan antigua respecto del árbol permite darnos cuenta también del enorme valor que su presencia tiene en las urbes, de la presencia del árbol que sostiene a la vida y a todas las formas de vida, del árbol que nos produce felicidad y que es un ecosistema en sí mismo, no es tan solo "un elemento del paisaje" como señalan algunos interesados en promover el asfalto, el concreto y diversos tipos de estructuras construidas con hormigón, las que incrementan el cambio climático al alcanzar rápidamente elevadas temperaturas durante el día, liberando al ambiente ese calor desde que la reciben y durante el transcurso de la noche, muy por el contrario, el árbol urbano es el sostén de la vida en donde sea que se encuentre o sea establecido. En un futuro próximo se dará mayor importancia aún al árbol urbano también por esta cualidad de albergar un microbioma que es benéfico para el ser humano.

Consideramos en algún momento que los árboles grandes alimentan a los árboles pequeños que lo circundan, lo que es posible gracias a la presencia de hongos micorrízicos que conectan las raíces, proveyendo de más alimento a aquellas plantas que son de su misma especie, los que podrían ser perfectamente parte de su progenie y de una cantidad menor de alimento a los arbolitos de otras especies. Pero no solo viven hongos en el suelo. También los árboles son el hogar de decenas de miles de microorganismos, los que otorgan propiedades nutritivas al suelo. Si miramos al árbol con un prisma mayor veremos que proveen de alimentos y hogar a aves, pequeños reptiles, insectos, al igual que antes lo hicieron y lo siguen haciendo con los primates.

Si se pudiera definir lo señalado en pocas palabras lo más adecuado sería decir que los árboles son bondadosos, pero no es que los árboles tengan una especial "inclinación a hacer el bien", su bondad se encuentra en sus genes, en su constitución y funcionamiento. El árbol es quizás el ejemplo de cooperación evolutiva más complejo, importante y olvidado que existe en la naturaleza, gracias a cuya participación los seres humanos presentamos numerosas características, adaptaciones evolutivas producidas por la vida arbórea que han sido esenciales para su sobrevivencia en el tiempo. Entonces, la bondad no es una opción para los árboles, ya que preocuparse por los demás seres vivos es parte de su esencia.

A diferencia de los árboles, el ser humano si es capaz de considerar la bondad, ser bondadosos, tan solo como una opción, lo que afecta negativamente a su entorno cercano, a la comunidad y a sí mismos.

En este libro se plantean varias preguntas, se entregan también algunas propuestas a modo de teorías o simples enunciados, pero fundamentalmente lo que se intenta aportar es una nueva visión respecto del árbol en cuanto a su valor para la sociedad, proveyendo un esquema de análisis que utilizando diez características permite discernir respecto de la integridad, vitalidad y sanidad de los árboles, especialmente de los árboles urbanos, cambiando el enfoque utilitario con que han sido abordados históricamente, por una mirada centrada en la restauración de un vínculo que permite ir más allá del mero dominio sin sentido de la naturaleza, permitiendo construir de esa forma un entramado vivo que proteja y se proteja, entre los más diversos aspectos, de los embates del cambio climático.

FIN

Nota al lector: si al leer este texto, o con posterioridad a su lectura, te viene a la memoria algún artículo, documento o libro que consideres contribuye a aclarar más alguna de las ideas aquí contenidas o incorporar en su contenido nuevos conocimientos, te ruego enviarme un correo señalándome tu impresión y el título que contiene ese aporte. Por tu amabilidad te incluiré, al menos, en los agradecimientos de una nueva edición. De antemano gracias!!

Correo: santiagojm.delpozod@gmail.com

www.ingramcontent.com/pod-product-compliance
Ingram Content Group UK Ltd.
Pitfield, Milton Keynes, MK11 3LW, UK
UKHW022023190726
13853UKWH00005B/2085